人はなぜ教会を去るのか

勝本正實

［発売］いのちのことば社

はじめに・執筆の動機

現在、私たちの国のキリスト教の信徒は、国民の一％程度（正確には〇・八％台）です。江戸末期からの一七〇年余りの宣教の歴史を考えると、その熱い努力にもかかわらず、とても少ない数だと思います。「なぜそうなのか」については幾つか理由が挙げられていますが、その一つに、「せっかく教会に来ても、しばらくすると去っていく人が多い」という現実があります。仮に、もし去っていく人がほとんどいなかったとすれば、キリスト教信徒は少なく見積もっても三％や四％程度にはなっていたのではないでしょうか。人口に換算すれば三〇〇万人から四〇〇万人が信徒として暮らし、この国において影響力を持ち、格段に力強い証しがなされていたのではないかと推測します。

求道者として教会に通った人や、信仰を持って信徒として歩んでいた人が数年で去っていく、その現実を見るとき、何が原因なのかを考えてみたいというのが、本書の執筆の動機です。このことは、現役の牧師を退いた今でも、私にとって課題です。原因を特定するのが簡単ではないことは、これまで効果的で抜本的な対策が講じられずにきたことを見れば明らかです。それを承知のうえで、日本という異教的・多神教的風土を考慮に入れて、比較宗教的な観点と日本人の宗教観の観点から、この問題を見ていきたいと思います。

国や都道府県の施策という観点から見れば、また一般企業での成果の観点から見ても、ヴィジョンの失敗に終わっているような現状の中で、諦めることなく努力している教会やキリスト者のみなさんとともに、この課題に向き合っていく一歩となることを願っています。自覚しながらも話題にすることを避けてきた面や、努力していれば神が何とかしてくださると神頼みにしている面もあるテーマですが、打開の糸口をご一緒に探してみたいと思います。これが執筆の動機であり、目標とするところです。

目次

第1章　人は何を求めて教会に来るのか

1　宗教が必要とされる四つの理由

日本において、人が宗教を求める機会や宗教と出会う機会が減っていることは、宗教調査でも明らかになっています。現実に信者数が減少していることは、文化庁の『宗教年鑑』でも明らかなことです。それでも市井の神社や寺院などにお参りする人はたくさんいます。ただ、宮司や僧侶や牧師などの宗教の専門家に個別に相談する人は、参拝者に比べて多くはありません。神仏にお願いすることと、人間の宗教者に相談することとの間には、何らかの壁があります。

人が宗教を求める四つの理由

出会う機会が少ないにもかかわらず人が宗教を求めるようになるのには、大きく分けて四つの理由があるように思います。教会（宗教）から離れる理由とも関連しますので、まずこの理由を考えたいと思います。

まず第一に「生活苦・経済的な理由」です。私たちには生きていくために、どうしても必要なものがあります。それは衣食住に代表される事柄です。命に関することであり、これがないと毎日が不安で、安心して生きていくことができません。このために国の社会福祉保障や地方行政の支援制度があるのですが、適用されなかったり、不十分だったりして、必要が満たされません。考えてみてください。もし住むところがないか、いつまで住めるかわからないとしたらどうでしょうか。今日の食べ物はあっても明日以降はないとしたら、光熱水費を滞納していていつ止められるかわからないとしたら、子どもに必要なものがあってても買ってあげられないとしたら、いったい誰が助けてくれるのでしょう。こうした切羽詰まった状態の人は、決して少数ではありません。日本の人口の約一五・七％は相対的貧困といわれています（二〇一八年国民生活基礎調査）。豊かな人との格差は広がるばかりです。この問題に宗教は、そして教会は何ができるでしょう。生活苦や経済的な問題の解決は、教会の役割としては、優先順位の高い対応すべき事柄とはされていないようです。しかしだからといって、話を聞いてお祈りをし、聖書から励ましても、それだけでは足りませんし、「今この時の必要」への対応にはなりません。

主イエスのことばと行動が記録されている四つの福音書には、主イエスが使命である福音宣教をし、弟子たちを訓練して育て、十字架にかかって救いの道を備えたことが記されています。しかしそれだけでなく、人々の相談に応じ、必要な助けをお与えになったことも記されています。そうしたことにも使命とつながることとして対応しておられます。私たちが教会を訪れる人と一緒に課題に取り組み、行政に足を運び、教会員に呼びかけ、支援団体につなぐなどをしなければ、教会が伝える神の愛は具体化しません。継続して教会に来られるようにするためには、目先の現実問題への対応もまた大切です。教会の中に、福祉や生活困窮支援につながりのある人はいないでしょうか。福音を語るとともに日常の課題にも目を向けなければ、教会に居場所を見つけることは難しいでしょう。宗教をすでに信じている人の中には、「今の必要」への支援や助言をできる人がおられるはずです。信仰と生活をつなげる橋渡しもまた宗教の慈悲・慈愛につながることです。

第二に、「人間関係で悩んでいる」という理由です。人間関係のトラブルは人生につきものですが、特に家族・親族間、また友人や知り合いの間でのトラブルには心も身体も疲弊します。私たちは普段の生活の中で、人間関係には気を遣って暮らしています。私たちが幸せだと感じているときは、おおよそ人間関係がうまくいっているときです。ですから身近な人とのトラブルは、複雑であったり長引いたりするとうつ症状を引き起こしやすく、誰かの助けを求める理由になります。内科を受診する人の中には、安定剤や睡眠薬を出してもらって服薬する状況になっている人も珍しくありません。

人間関係で悩むとき、私たちは気分転換を図ったり、知り合いに相談したり、行政を訪ねたりします。それでもらちが明かないとき、宗教に相談してみようと考えます。そんなとき、教会ならどんな対応をするでしょう。ほとんどの場合、話を聞き、何らかの解決策を提案したり、お祈りをして励ますことでしょう。ここから先が問題です。相談する本人が困っている内容次第では、もっと詳しい機関や団体を紹介することも必要になります。しかし相談内容が複雑で個人的なことであれば、継続的な関わりが必要とされます。牧師自身がそれを受け止めきれるか、教会の人がそれを了承できるかは個別ケースです。しかも、こうした関わりが求道につながるとは限りません。牧師個人も教会も、こうしたことを「伝道牧会の範囲内」として了承できるかどうか、了承できる教会に育っているかが問われます。時間の無駄と感じてしまった途端、関わる気持ちは急速に失われていきます。

福音宣教を大切にしたい教会にとって、どの程度まで世の中の人の必要に関わるのかは答えの出しにくい課題ですが、「教会の世の中に対する使命・働き」をみなで話し合っておく必要があるでしょう。そのことが、教会に世の中、特に地域の課題や必要に取り組む姿勢をつくることになります。キリスト者も世の中で生きる存在である以上、世の人々のニーズや課題を無視することはできません。「特に宗教に関心のない相談者」に向き合う心構えはどうでしょうか。そのような相手に牧師が関わろうとすると教会員たちからストップをかけられる場合もあれば、牧師自らが避けることもあるでしょう。「世と教会」の関わりは、教派や各個教会の考え方において対応・判断が曖昧です。現実の目先の問題が仮に解決の方向に進んだとしても、その人が信仰を求める行動につながるかは、ケースバイケースだからです。

第三に、「病気の回復が望めず、不安・苦しみがある」という理由です。現代の医学でも治療が難しい病気はたくさんあります。また、治療しても回復しない病気もたくさんあります。原因がわからない病気（指定難病だけでも三三八種類）もあります。一応病気は治ったとされる状態でも、以前の暮らしには戻れない場合も多くあります。身体と心の病は尽きることがなく、死への恐怖、回復困難の不安、再発への恐れ、長引く治療の疲れを感じ、それが本人だけでなく家族にも大きなストレスや経済的負担をかけ、生きがいの喪失などのダメージを与えます。そんなとき、普段は顧みなかった宗教に拠りどころを求める人々がいます。「病を癒やす」ことは、昔から宗教の役割の一つでした。病気からの回復を願わない宗教はないでしょう。病気は私たちの人生にとって、極めて重大事です。

聖書の中にも、病気からの回復を願って主イエスに助けを求める人のエピソードが記されています（マタイ八・一六、九・三五ほか）。主イエスご自身が、そうした願いに応えておられます。しかし、だからといって教会にその力があるわけではありません。教会は、病の人の回復を一緒に祈るだけです。人々はそれを求めて教会に来ます。信仰を持つ人たちも、自分や家族や知人の回復を祈ったり、心の支えを祈ったりします。問題は、神が医学的な治療という恩寵以上の回復・癒やしを現代でも教会を通じて行われるかということです。もし願いがかなわなかった場合に、その人は神にも教会にも失望して去っていってしまうでしょうか。去る人があるのは事実ですが、そこから新たな求道心を持つ人もいます。病気のことをきっかけに、人生そのものの課題や死後のことに気づくことがあります。病気は人生の避けられない重大事であっても、病気を通して別の生き方や価値観の転換を経験するとき、そこに神の導きを知って、病気の不安や苦しみが和らいでいく不思議な体験を味わうことで、別の生き方へと進むことが可能となります。そこに至るまでの間、病気のことで悩む人に寄り添うことができるのか、そこが教会に求められる立ち位置です。

第四に、「孤独を抱えて、生きる意欲を見失っている」という理由です。孤独感という悩みは新しいことではありません。常にいつの時代にも、こうした悩みはありました。なぜなら「孤独」という人生の悩みは、人間の根幹に根づく課題であるからです。自分の思いを十分に理解してくれる人など、いつの世にも存在しません。そのような意味で孤独は人間にとって当然のことでしたが、それが戦後になって、米国から学んだ自由主義や個人主義が広がる中で、人々の孤独は社会に顕著に表れてきました。いわば個人主義の副作用です。個人の自由な意思が尊ばれるとき、人間関係は希薄になり、つながりが弱くなります。今は一人一人に主体性と自己責任が求められる世の中です。自由を求めると同時に固いつながりを築くことはできません。普段気ままに暮らしている人が困ったときに助けを求めても、周りには頼れる人がいないことに気づきます。今の時代、クリニックで安定剤や睡眠剤をもらったり、カウンセリングを受けたり、気分転換に余暇イベントに参加したりすることはできますが、願うほどの長期的・継続的・根本的な効果は得られません。

こうしたとき、宗教に心を満たすことを求める人がいます。宗教は昔から人々の心を励まし、慰めを与え、新たな力をもたらしてきました。キリスト教においても、聖書のことばに支えや励ましを見いだすことは可能です。これに加えて、教会の人との交流は孤独な人を支えます。ところが今、教会の交流・交わりは徐々に弱くなっています。交わりの前提は「共にいること」ですが、それが忙しさや個人主義の影響で個人的なことに立ち入らないように距離を取るため、教会の人々のつながりが弱くなっています。表面的なつき合いが増え、心を開いて語り合うのが苦手になっています。本心を言わずに「ほどほどにつき合う」ことが、もめない・しんどくない交わりの秘訣のようになっています。しかも、教会に集う人の半数は礼拝だけに出席しており、交わりや奉仕には参加しない・できない状態にあることがしばしばです。このため、教会の活動を支えているのは教会全体の二割から三割程度の人たちです。これではどうやって求道者をフォローアップできるでしょう。教会には知らない間に世の中の習慣が入り込んでいるため、孤独な人を支えるまでに至りません。宗教の世界にも蔓延している個人主義・自由主義は、「キリストにある交わり」をスカスカにさせていきます。喜怒哀楽を共にするつながりは、心を開き合う、時にはもめることもあるといったしんどい作業の中で培われるものですが、傷つけることを避けて表面的なつながりに傾斜していくために、教会でも本音が言えない・弱さを見せられない「殻をまとった」つながりとなっています。教会に来ても自分が受け入れられていると感じられず、味気ない表面的な交わりに失望して去っていくということが起こってしまいます。教会に集う人自体が温かみを感じられず、いつの間にか去っていき、それを食い止めることができないという事態にもなります。人と人とがつながりを深め、信頼関係を築くためには、時間もかかりますし、時に嫌な思いや失望の経過をたどる必要もあります。その中で「キリストにあって」というつながりへと導かれる、これこそが信仰の恵みです。

2　ただ何となく来てみたという理由

無意識の行動もよく考えてみれば

「ただ何となく教会に来てみました」「ただ何となく教会に行く気がなくなりました」という、一見、無目的・無気力的な行動は、心身共に疲れた人、ストレスや不安のためにエネルギーを高めることができず焦点が定まらないときなどに起こります。このような理由で教会に来たり去ったりする人たちがいい加減だということではありません。むしろ真面目であるために適当に生きていくことができず、世の中の流れに適応できない人たちだと考えます。私たちは毎日の生活の中で、いつも目標を持って前向きに生きているわけではありません。生きていくことに漠然とした不安やむなしさを覚えるときがあります。家族があり、なすべき仕事や学校があれば何とか頑張るものの、心にもやもやした「何か」を抱えて悩むこともしばしばです。しかし、相談できる相手も機会もありません。

そうした時に、自分の生活範囲の中に教会があれば訪ねてみようと心が動きます。しかし何のために来たのか自分でも説明が難しく、通り一遍の対応をされると、続けて行くことが難しくなります。結果として、暇つぶしにでも来たのかというふうに受け止められてしまいます。しかし本当は、宗教上とても大切な心の飢え渇きの状態にあります。自分自身の深い課題に気づくまで自分と向き合うことが必要であり、宗教はその場・その機会を提供します。

教会から足が遠のくのも、何らかの理由があります。熱意がなくなった、忙しくなった、自分の環境が変化した、牧師や信徒の人を信用できなくなった、以前ほど教会に魅力を感じない、自分の信仰がわからなくなったなど、理由はさまざまです。こうした状態は信仰の世界だけでなく、家庭生活でも、仕事をしていく中でも、趣味でも起こってきます。生活がかかっていて簡単にやめたり諦めたりできないことであれば、気を取り直して続けますが、信仰については、それをやめたからといって明日から生きていけなくなるわけではありませんので、やめるのに迷いは少ないと言えるでしょう。信仰を捨てる・やめるということは、信仰の側から見れば大ごとです。なぜならそれは人生がかかっていることだからです。しかし、信じる者（個人）の側から見れば、一つのことを手放すだけのことです。ですから信仰を持つときの決断よりも、やめるときの決断のほうが迷いは少ないでしょう。

日本的な信仰の持ち方に慣れている

日本人にとって信仰は、自分の人生を良くする・豊かにするための手段であることが多く、必要がなくなると、捨てたり変更したりすることにさほどの迷いはありません。それには日本という環境と、信仰に対する価値観が影響していると私は考えています。日本人にとって信仰は、民俗宗教や神道との関係に見られるように、生活の中に自然に組み込まれたものでした。特に信じようと考えなくても、信仰は身近な習慣の中に息づいていました。変な言い方になるかもしれませんが、気づいたときにはすでに民俗宗教の中にいたということです。仏教が日本にやってきたときも、先祖供養や葬式を通じて、神と仏は変わりない存在として受け入れられました。つまり、決心しての改心（回心）の必要もなく、仲間として受け入れられれば、その一員になれる緩いつながりでした。一方、キリスト者になる場合は、信仰告白による入信を経て、新たな仲間（兄弟姉妹）として受け入れられます。信仰から離れる場合にはその旨を教会に伝えて退会することになりますが、多くの場合はいつの間にか来なくなる自然退会や除籍が多いのも、会員としての自覚が薄い結果です。何となく信じて、何となくやめる、それに躊躇《ちゅうちょ》がありません。キリスト教の信徒は、罪人としての自覚、悔い改めの必要、新たな生き方をする決意がなければ、日本的な信仰の持ち方に流れていってしまう、そのような危険が潜んでいるのです。

3　自由に来て自由に去る

今の時代、信教は個人の自由です。入会は厳しくても問題になりませんが、退会が厳しいと大きな問題になります。自由を束縛していると考えるためです。伝統的な宗教である神道や仏教は、信者であるかないかの線引きは曖昧です。神社や寺院に参拝に来る人、お札《ふだ》やお守りを買う人も信者と考えられます。ですから、この二つの宗教の信者を合わせただけでも、日本の総人口を超えてしまいます。新宗教やキリスト教は、信者と見なすかどうかに基準があります。信仰をやめる場合も同様です。しかし、やめる場合のほうが基準が曖昧になります。いつの間にか来なくなった人については事情がわからず、どこかの段階で名簿から除かれるだけだからです。

入会や退会が自由であることは、本人にとっては都合がよいのですが、宗教にとっては困ったことが起こってきます。信仰理解や入会の判断が曖昧になることで、責任感や使命感、所属意識が薄れてしまいます。信者であれば当然果たすべきことを怠ったり、理由をつけて何かと回避します。そのために、組織がまとまりに欠けるようになったり、一部の熱心な人にしわ寄せが生じたり、その人たちの発言力が増したりして、調和が保ちにくくなります。信仰の仲間、同じ価値観を持つ仲間であるはずの集まりが、互いに違う方向を見ているような違和感が生じます。誰かが悩み苦しんでいても、親しい人でなければ知らん顔をすることさえも起こります。ちょっとしたことでいがみ合い、自分たちのサークルを内部に作ったりします。まるで世の中と同じ現象が信仰の共同体の中に生まれます。それは、私たちが世の中で暮らし、知らないうちに世の中の影響を受けているからです。こうしたことが増えていけば、「何のための信仰か」と問う人が出るのはごく当たり前のことです。

いつの間にかいなくなる

信徒であるか否かの判断が曖昧であったり、入会や退会の判断が曖昧になったり、信仰生活の目標や基本が曖昧になれば、ついには信徒としての役割を果たすことも曖昧になります。集会に参加するのもしないのも自由になれば、その組織・集会そのものがあやふやなものになります。信仰を持つということは、その信仰に基づく何らかの制約や行動が求められるということです。宗教に縛られるということが嫌いな日本の人々は、「曖昧」や「融通無碍《むげ》」であることに違和感を持ちません。宗教に縛られるという状態は嫌いであり、むしろ自分で好きなときに好きな宗教を選べることに慣れてきた日本人は、何かのきっかけがあると、関わっていた宗教と距離を取り始めます。それが、いつの間にか来なくなる・行かなくなるということです。仏教や神道からきっぱりと離れる人が少ないのは、規制が緩やかだからです。ですから窮屈感が少ないのです。キリスト教や新宗教では、その宗教から距離を置こうとする場合、どこかの段階でつながりを切ってしまうことが起こります。「あの人、最近顔を見ませんね」と言われる頃には、ご本人の心では区切りがついているのです。キリスト者の中には、信仰そのものを捨てたわけではないが、どこかの教会に所属するのをやめ、あちこちの教会を転々とする人が、特に都市部で見られます。地方では人間関係のつながりが深いため、そうしたことはできにくいのですが、都市部は人間関係が希薄であるため、幾つもの教会に出入りすることは可能です。迎え入れる教会もそうしたことに慣れているため、進んでつながりを築こうとはせず、ようすを見ながらことばをかけていきます。自由であることは、信仰を持つことも、どの教会に行くかということも、そしてどの程度教会と関わるかも自由に決められます。私たちは、自分が時間をかけ、思いを注ぎ、お金もささげているときに、その教会に愛着を持つようになるものです。思いを注げなければ、結局はお客様となってしまいます。

こうしたことは、どの宗教にも言えることです。自由であるのはよいことですが、それを都合よく便利に用いれば、結果として信仰の喜び・安らぎは味わえません。まさに自由の副作用と言えます。人は、汗を流し、苦労して心を注いだもの・事柄に、愛着と親しみを感じる存在です。別の言い方をすれば、そうしたことができなくなったときに、足が遠のいてしまうということです。こうした人を引き戻すことができるのは、熱意と関心を持って関わりを持ち続ける人の存在です。

第2章　教会から人が去る理由

1　本人の心理の変化に理由がある場合

どんな組織や団体でも、途中で退職・退会・退団する人はいます。そのこと自体は自然なことであり、神経質になることではありません。むしろ、退会できないとすればそれこそが大きな問題です。閉鎖的で圧力的な組織だと警戒する必要があります。加入と退会はその理由もさまざまですが、理由の内容によっては、その組織や団体にとって致命的・重要な問題を含んでいる場合があります。本書のテーマは「教会から人が去る」という現実をどのように理解し、どのように改善・対処していくかということですが、人々が去ってしまうのは教会だけでなく、日本の宗教全般に共通して言えることですので、仏教や神道といった日本の伝統宗教のことも含めながら、その理由を幾つかの場合に分けて見ていきたいと思います。

教会（宗教）から人が去る理由として第一に考えられるのは、「本人自身」に理由がある場合です。ある人が教会に来た場合、その人は何らかの理由や期待や目的があって来るのでしょう。その理由や目的が満たされなかったり、期待外れであったりすれば去っていきます。それは自然なことであり、当然のことです。しかし、ある程度長く来ていた人や一度洗礼を受けた人が去っていく場合、その理由を知ることは教会にとって重要であるにもかかわらず、難しいのが現状です。去ろうとする本人は話したがらないことが多いですし、話す場合でも、第一番目の理由ではなく、第二、第三の理由を語るケースがあるからです。このため、本当の理由にたどり着けないことがしばしばです。本人が話したくない・忘れたいと思っていれば、去る理由は闇の中です。

幾つかの理由を想像すると

可能な範囲（人づてに聞くことを含めて）で、本人に理由がある場合を推測してみます。まず第一に考えられるのは、「期待外れだった」ということです。人が宗教を求めるのは、第1章で述べたように、おおよそ次の四つの場合だと言えます。①生活苦・経済的な課題を抱えている場合、②身近な人との人間関係のトラブルで悩んでいる場合、③病気の回復が望めず心身ともに苦しみと不安を抱えている場合、そして最近増えているのが④孤独を抱えて生きる意欲をなくしている場合、です。これらの現実的な課題に対して、自分なりに努力し、知人や行政に相談してみたものの打開できないときに、人は宗教に助けを求めます。

ところが、キリスト教を含む日本の宗教は、期待していたほど現実的な課題に応えません。現実的な対応策を全く与えてくれないわけではありませんが、それは副次的なことであるため、優先順位が低いのです。宗教はそれぞれの信仰・信条を伝えるものであり、現実の問題には疎い・鈍いものです。つまり、宗教の本来の役割からすれば、現実の問題への対処は二次的なことなのです。宗教には、人に伝えたい信条や価値観があります。その中には、私たちが喜ばない・喜べない、むしろ反発を感じることも含まれています。宗教は、この世の中に対して懐疑的・否定的・虚無的・一時的な位置を取る傾向があります。求める人の願いとのずれが期待外れとなり、失望感を生みます。結果、せっかく来たのにがっかりしたとか、来るところを間違えたということになってしまいます。宗教は「お客様のニーズ優先」という場ではありません。これはどの宗教にも共通することです。

第二の理由が、「関心が移った」ということです。宗教の答えの効果が出るのには時間がかかります。即時解決とはいきません。人々のニーズ（願いや期待）が神仏の御心にかなっているか、かなっていたとしてどんな返事が返ってくるか、ある程度の時間が経過してみなければわかりません。神仏の御心は測りがたいのです。答えを待っている間に状況がさらに深刻になってしまうこともあります。その結果、求めを持った人は気持ちが変化し、別の方法で答えを探そうと焦ります。そのため「待つ」という必要な時間に失望し、関心が別の方法に移ってしまうことで去っていきます。神仏に頼るということは、神仏の時を待つ覚悟がいります。しかし、答えを求めている人に対してこのことを理解してくださいというのも無理のあることです。

第三の理由は、「自分で何とかすることにした」ということです。最初はやれることをやったがうまくいかず、自分で何ともならないから神仏を頼ろうと思ったはずです。しかし、「やはり自分で何とかしよう・やるべきだ」という思いが湧いてきます。それは、これまでそのような生き方をしてきたことの影響でもあるでしょう。また、神仏に頼ること自体を否定的に考えていることもあって、途中で引き返してしまうのです。自分のことを他人や神仏にゆだねることには不安が伴います。ゆだねてしまうと、相手のペースや判断を待たなければなりません。待つのは苦手であり、後悔することもあります。ですから結局、自分で判断することを選択します。他人であれ、神仏であれ、私たちは心のどこかで疑っており、人生の主導権は自分で握っていたいという思いに引っぱられます。本当に切羽詰まらないと、神仏にゆだねることができないのではないでしょうか。あくまでも主導権は自分が握っておきたいというのが、私たち人間の本音なのだと思います。

各宗教は現世の問題にどう取り組んでいるか

ここから、日本の宗教のそれぞれの立場をお話ししたいと思います。ここで日本の宗教と呼ぶのは、民俗宗教を含む神道、仏教、新宗教、そしてキリスト教です。これらはそれぞれに異なる教義（救済観、価値観、人間観、この世観）を持っていますので、ひとまとめに述べることはできません。そこで、一つずつ紹介しながら、現世に生きる私たちの悩みや課題にどう取り組んでいるかを説明しましょう。

・神道

日本において伝統的な宗教である神道の立場から説明します。神道は自然宗教や民俗宗教と呼ばれる信仰から生まれた、日本の暮らしに根ざした宗教であるため、仏教やキリスト教とは違い、現実重視の世界観を持っています。仏教やキリスト教でいう救済論はないものの「あの世」という来世観は持ち、今の現実生活を大切にしながら、そこで起きる苦しみや不幸を祓《はら》い、清め、時に籠《こも》ることによって取り除くとともに、避けえない場合は自然の営みの習いとして受容することを語ります。ですから、人生の悩みや課題に対してやれる努力をしたあとは、自然の神々や祖先の霊にゆだねることを勧めます。神道は昔から人々の生活と密接につながって存続してきた宗教です。神道イコール人々の生活だったと言ってよいでしょう。神道の神々は、日常は人々の願いを聞き、一方で時として人々に大きな困難や災難を与える、「親しみと畏《おそ》れの神々」として信仰されてきました。

ところが、現代の世は物質主義、個人主義、実証主義に傾き、神道の説く神々や先祖の霊は影が薄くなってしまいました。霊的存在を信じる人は、アンケート調査等によれば減少していますが、気休めのような願掛けだけは相変わらず行われています。それほど信じてもいない神々に、迷いもなく祈るのが今の時代です。神道は現実を重視する宗教ですので、信心の頼りない人々であってもその願いに応えるため、ニーズをくみ取り、新たな霊験・ご利益を掲げて人々の願い・欲望を満たそうと努力します。渇いた心の根源を満たすのではなく、「今の必要」に奔走することで信徒を神社につなげようとします。人々は、たとえ以前の願いがかなわなくとも、新たな願いが生じるごとに再び神社を訪れようという気持ちになります。そのような不思議な魅力を持った宗教です。

・仏教

次に、仏教の立場を説明しましょう。仏教は本来、現世ご利益中心の宗教ではありません。しかし、私たち人間は現世に執着し、ご利益による幸せを求めます。このため何らかの形でご利益を説かなければ、人々を仏教に引き寄せることはできず、仏教のすばらしさを知ってもらうこともできません。究極の悟りを得させるために、まず人々のニーズに応え、徐々に仏教の神髄へと導くことを方便として、ご利益を認める手段を用いました。大乗仏教、特に日本仏教は、この国に受け入れられた当初から国家の安泰・繁栄のための役割を期待されました。天皇や公家や武士、そして庶民に至るまで、仏教が幸せをかなえてくれる宗教だと期待し、受け入れました。人間の願いは多岐にわたり、しかも飽くことを知りません。このため、ますます仏教を用いて強欲になっていきました。「執着を捨てる」という仏教の究極の目的は、ごく一部の人の目標でしかありません。人の願いは「執着や強欲から解放してください」ではなく、「私の人生にはこれもあれもまだ足りません」という願いがあふれています。

数十年前に比べれば、日常生活は全体としてずいぶん便利になり、豊かになったのに、充足感や満足感が乏しく、人々はまだ何かが足りないとの思いで寺院を訪ねます。仏教は人々のこの世への、自分の人生への、執着やこだわりから解き放つ力や方法を十分に持っているのに、それを提示する機会をうまくつかめずにいます。仏教の本領発揮の場と機会はタイミングが失われています。仏教の教えを人々に届けようと思うほど、人々の「今の必要」を満たすことが先に求められ、本来の仏教の願い・使命から遠ざかっていくというのは、何とも残念な現状です。別の見方をすれば、人間の強欲・煩悩はやむことがなく、仏教の本義はやせ細るということです。

・新宗教

続いて、新宗教の立場を説明しましょう。伝統的な宗教では人々の心をつかむことができない、ニーズを満たせない状況にあった宗教の世界で、新宗教は人々の求めているものが何かを察知し、魅力的な内容と方法で人々の心をつかんできました。新宗教は明るく、楽しく、わかりやすく、温かく、親切に人々に対応しました。世の中でなくなりつつある親しみと優しさがそこにはありました。信仰は親から子どもへと継承され、人が人を誘う形で拡大していきました。教義や儀式は簡略化され、威圧感や堅苦しさを取り除き、わかりやすさを大切にしました。確実に信徒数を増やしてきた新宗教でしたが、二一世紀に入る頃から減少傾向になり、今では新宗教全体が停滞し、信者数が減少してきています。新宗教の教団化が原因だとか、開祖の持っていたエネルギーが継承されていないとか、新宗教が飽きられてきているとか、宗教離れが日本全体で起こっているためだとか言われていますが、真の理由は何であれ、衰退していることは事実です。

新宗教は、その教義の中に神道や仏教やキリスト教の影響を取り入れている面が見られます。しかも現実を肯定し、ご利益をアピールする傾向があります。ですから新宗教は、人々にとって垣根が低く違和感が少ないと言えます。にもかかわらず、移り気な人間に飽きられつつあるのです。信じる宗教を持つという選択肢は選ばれなくなってきています。宗教でなくても、欲求を満たす・満足を得ることのできるものが、この世の中にあふれているからです。

・キリスト教

最後にキリスト教の立場を説明しましょう。キリスト教は、決して禁欲的な宗教ではありません。旧約聖書を見ると、神の祝福は富や栄誉、子孫の多さや長寿に現れています。キリストは、生活上の必要があれば遠慮なく祈り求めるように勧めています。だからといって、物欲を勧めるわけでもありません。「足るを知る」ことは、仏教同様に重んじられます。人は必要以上の富を求めることで争い、独占し、人生を誤るからです。

キリスト教は、私たちが暮らす「この世の中」自体に警戒心を持ち、距離をとることを語ります。なぜならこの世は誘惑の多いところであり、一時的な居場所にすぎないと考えるからです。キリスト者はこの世において「旅人・寄留者」だと説明されます。よって、教会がこの世の中の課題のことで相談を受けるとき、どうしても永遠の事柄が優先され、この世のことには対処療法的になる傾向があります。

　このことは、教会が強調して語ってきた「魂の救い」ということばに要約されます。本来、救いとは「全人的なこと」です。魂が救われるだけでなく、その人の生活・人生が救済されるべきです。信仰の課題を持つ人は、生活の課題、健康の課題、経済的な課題なども抱えています。全人的な課題を解決しようとする中で、魂のことも大切にされるべきです。そうでないと、教会につながり、信仰生活を続けること自体も危うくなります。私たちが信仰を求めるとき、同時に今の生活そのものが支えられることが必要です。そのために、この世の中の社会資源を活用し、衣食住の問題への対応をしていく中で日々の教会生活は支えられます。ある時に教会から離れてしまう理由の中には、日ごとの生活の課題に追われて信仰どころではなくなってしまう場合も多くあります。去っていく人々の中には、教会の対応に失望して去る人も相当数いるはずです。「今この時」の悩みや心配や期待に心を向けながら、やがて永遠の課題に目を向けていくように働きかける必要があります。その点で、教会はこの世の仕組みについても情報と関わりを持っておく必要があります。

　教会は「魂の救い」に集中しすぎるあまり、この明白な事実を見落としてしまったのではないでしょうか。全人的な救いという視点を大切にすれば、教会生活のことだけでなく、ふだんの生活の課題にも牧会的配慮が広がり、家庭生活にも関心が向けられていくのだと反省します。

2　教会に原因がある場合

　ここからは、教会に原因があって人が去る場合について考えます。教会では、受洗者や転入会者の数字は報告や記録に残しても、退会者や除名者の数字は表に出にくい状況です。このため、「いつの間にか来なくなった」ことだけが印象に残ります。去っていった人のことを取り上げると、責任問題が浮上したり、感情的な意見も出て、教会の中がぎくしゃくすることになるからでしょう。

　戦前の日本においてキリスト教は、偏見を持たれたり差別されたりすることが多く、その時代の信徒たちは肩身の狭い思いをしながら、同時に使命感を持って信仰生活を送っておられました。ところが戦後はキリスト教に対する風あたりは弱くなり、教会に行くことや洗礼を受けることへの反対や緊張状況は徐々に小さくなっています。今も反対が強いとすれば、それは何らかの理由や事情があってのことです。

それでは、人が去る原因が教会にあるとして、幾つかの観点を述べます。

教会内の複雑な人間関係

教会というところは、世の中の集まりとしては特殊な面を持っています。それは、年齢的に幅があり、多種多様の事情や環境、価値観の人が集まっているということです。キリストは、「すべて疲れた人、重荷を負っている人はわたしのもとに来なさい」（マタイ一一・二八）と語り、どんな人でも受け入れて交わる姿勢を持っておられました。ですから教会も、どんな人でも受け入れようと努力します。しかし、これにはリスクが伴います。つまりトラブルが起きやすいということです。世の中の団体やサークルは、性別、年齢、住んでいる地域、趣味などで幾つかの制限を設けますから、トラブルが生じにくくなります。しかし教会ではできるだけ枠を設けないことを目指すため、自己主張の強い人、周りの人のことを考慮できない人、世の中で力を持つ立場にある人などが、教会でも配慮に欠ける言動をすることが起こります。この結果、教会の中で傷つきやすい人や弱い立場にある人が去っていってしまう状況が生まれます。厚かましい人や無神経な人が無遠慮にふるまうことが時々起こります。愛や寛容を他人に求め、自分は礼儀に反することをする人がいて、その対応のために教会は疲弊します。

教会は理想を高く掲げるため、現実とのギャップに多くの人が失望します。「教会がこんなところだとは思わなかった」と感じて心を閉ざし、次第に教会から足が遠のきます。一度心が折れると、立ち直るには時間がかかります。致命的になりやすいのは、牧師など教会の指導者への失望・不信感・猜疑心です。教会において、牧師や伝道師は尊敬と信頼を受ける立場にあり、一度信頼が崩れると、説教を聞くのも顔を見るのも嫌になります。そうなると、心の持っていき場がなくなり、同じ立場である信徒の支えがなければ、教会を去るのは時間の問題です。私たちの暮らす世の中でも人間関係はとても大切ですが、それは教会も同様です。牧師と信徒の間の課題を調整するのは役員会に期待される働きですが、役員が信仰的にも人格的にも育っていないと、他の信徒と一緒になって牧師・伝道師を批判し、問題がさらに複雑で大きくなってしまいます。挙句の果ては、複数の人がまとまって教会を去る事態も生じます。

教会に来る人に求められる生活規範の厳しさ

聖書には、信仰者の目指すべき目標や戒めが多く記されています。それを説教や聖書通読などによって生活の中に取り入れ、実践することが勧められます。教会に出席する・奉仕をする・交わりを持つ・献金する・伝道するといったことは、教会に来始めたばかりの人にとって、これまでの生活にないことであり、努力が必要であり、犠牲も払うことになります。これまでの生活が確実に変化します。信仰によって与えられる恵みもたくさんありますが、一方で失うもの・手放すものもあります。家族や友人との関係や時間の使い方も徐々に変化します。毎週教会に行くことだけを取り上げても、こんなに生真面目で律儀なことを行う信仰は、私たちの国にあまりないでしょう。

このことが喜びであるうちはよいのですが、苦痛になるきっかけがあれば、教会から足が遠のくのは自然なことです。もともと宗教のために大きな犠牲を払うことを経験してこなかったので、いろいろの都合や要件ができればそちらを優先しようとします。今までの自分の生活や考えと、信仰を持ってからの生活や考えが対立し、葛藤します。身につき始めた信仰者としての生活を維持するのには努力も鍛錬もいりますが、以前に戻るのは極めて簡単にできます。この違いが非常に大きいのです。

キリスト者であり続けるためには、信仰を持っていることの自覚が必要です。このこと（初心を忘れない）は思いのほか大変なことです。何かのきっかけで心が折れてしまえば、教会はしんどい場所に様変わりします。日本の他の既成宗教は個人の生活を規制せず、そっとしておくことが一般的です。

信仰生活の保持の困難さ

私たちの国には多くの宗教があり、そこから生まれた行事があります。何かの時、たとえばお正月やお盆、法事や墓参りの時などは、神社や寺院は多くの人で混雑します。しかし普段は、例祭などを除いて静かな状態です。このように、伝統宗教は日常に頻繁に集まることをしません。その分、自宅の神棚や仏壇で祈願（お勤め）をしています。その一方で、新宗教では日頃からいろいろな集まりを開いています。それによって信徒の間の交流ときずなを深め合うことが特色になっています。新宗教の人たちは、自分たちの信仰を周囲の人に紹介します。集会の案内をポスティングもします。それが喜びであり、自分と家族の幸せにつながると信じています。

一方でキリスト教の信徒は、理想と違ってあまり伝道をしません。むしろ関心は教会のことに向かっています。教会内での活動は大切にします。キリスト者が少ないということは、どうしても信徒を内向きにします。教会の内部での交流や奉仕が安心感をもたらします。江戸末期から戦中までは、キリスト教会は世間の批判にさらされてきました。戦後、その雰囲気や緊張感は和らぎましたが、別の問題もあります。キリスト教は世の中について、罪と誘惑の多いところと理解します。そして、それに対応するためにキリスト者は信仰の守りを固めるように教えられてきました。キリスト者は世の中においては、無意識に緊張してしまいます。その緊張感は、「自分はキリスト者だ」という自覚がなければ信仰を維持するのが難しいほど強い場合もあり、次第に重荷となっていきます。

そうした自分を支えてくれるのは、個人のディボーションを確立すること、それが習慣になることです。ディボーションはとても大切なことですが、それを習慣化するための教会からの励ましと本人の訓練は不足しています。一人一人が神との間で交わりを築くことができないと、自分を支えられなくなります。

会社や学校や親戚づき合いや友人関係に至るまで、無意識の緊張は私たちに息苦しさをもたらします。そんな時、自分や教会、家庭や仕事に何かが起こると緊張の糸が切れ、信仰を保持し続けることに疲れてしまって、教会を去ることになります。教会を去る人の中には、信仰生活に疲れた人や、教会への失望感を持った人が多くいると思います。教会ではよく、信仰的に挫折したり、教えに対して不信感や失望感を持つようになったりすることを「つまずく」と言いますが、自ら「つまずく」人や、つまずかせられる人が現れるということです。一度つまずいても再び立ち上がれるかは、ふだんのディボーションによって神様とのつながりが築けているか、苦楽を共にできる信仰の友を得ているかが鍵となります。苦しい時の友こそ支えになってくれるものです（箴言一七・一七）。

教会は家庭生活や社会生活への配慮を怠った

どの教会にも、そこで働きを支えてきた信徒がたくさんいます。その人たちの労と祈りによって、それぞれの教会は維持されてきました。わずか数十名の信徒によって一つの組織が守られてきたというのは、他の宗教には見られないことだと思います。神社も寺院も新宗教も、もっと多くの信徒によって支えられています。少なくとも数百名の人たちに支えられているのが実情です（仏教の場合、一つの寺で檀家が三〇〇世帯必要とされる）。その点からも、教会における信徒の奉仕やささげものは、すごいことだと思います。その働きに、教会は報いていると言えるでしょうか。神様が御国で褒めてくださるとしても、地上ではどうなのでしょう。

教会に集う人の信仰生活を支えることは教会の大切な役割ですが、教会も個人も「信仰」と「生活」を分離させてしまう状況が生まれます。つまり、教会側の視点で見ると、信徒や求道者の信仰には関心を持っても、どのように生活しているかには、さほど注意を払いません。このため、信仰を支える生活の視点がぼやけています。信徒は教会では信仰者らしくふるまおうとしますが、個人の生活においては、信仰を生活の中で生かすことがうまくできません。結果、二重人格的な信仰生活に陥りやすくなり、信仰の喜びが薄れていきます。

信徒の中には、教会のため・神様のために多くの時間と労力と心を注いでいる方々がおられます。その方たちが高齢となったとき、教会はどのような配慮ができるでしょうか。教会までの送迎に始まり、高齢夫婦や一人暮らしとなったときの相談や支援、住まいや生活のことを一緒に考える牧会的配慮が教会にあるでしょうか。現実は、そういう事態になると「あとは家庭の問題、プライバシーの事柄」と済ませていないでしょうか。つまり、信仰と生活を分けて考え、分離させていないでしょうか。これでは教会に長く通い、奉仕してくださった方に対して「礼を失する」ことになるとの自覚を持たないと、高齢化が教会との縁の切れ目になります。高齢者の晩年の信仰生活は寂しいものに終わります。これでは信徒が増えないのは当然だろうと思います。安心して信仰の歩みを続けるためには、信仰も生活もひとまとめにして配慮し、地域社会の中で生きていくことができるように、教会を挙げて取り組むことが必要ではないでしょうか。

日本の教会の歩みは、このことの反省と、今後の方向性を指示していると思います。今後は一層、高齢者が増加し、逆に人口は減少し、教会の活動が衰退していきます。教会の発想転換が求められます。

3　日本という社会環境に原因がある場合

異教環境の中で信仰を守ることの難しさ

キリスト者であることで受ける社会の反対や迫害は少ないとはいえ、この異教環境の中で、自覚的な信仰を持って生活するのは難しいことです。日本は異教社会だとキリスト者が自覚するのは、家庭を持ったときや子どもが与えられたとき、つまり地域社会とのつながりができたときです。親と同居しているときは、親が地域との連絡役を果たしてくれます。家を出て単身生活に入っても、まだ地域とのつながりは弱い状態で過ごせます。しかし家庭を持つと、結婚相手の家族とのつながりが生じ、子どもが生まれると自分の住む地域とのつながりが深くなります。私たちの国では、人生儀礼や年中行事を通じて、神道的・仏教的な儀礼に直面します。

日本の伝統的な行事のほとんどは宗教的な背景を持っているため、ただの儀式では済みません。それらに対してどうふるまうのか、その対応次第では人間関係が厄介なことになりかねません。キリスト者でなかったときは習慣として合わせておけばよかったことが、キリスト者になると考えなければいけなくなります。そこで、面倒なことは避けたい人は「ただの習慣」として周囲に合わせる道を選びますし、信仰に基づいて厳密に行動したい人は、伝統的な宗教行事を避ける、もしくは拒否することになります。このことからくるストレスは信仰者を苦しめます。

こうしたことで悩むのは、キリスト者だけではありません。仏教徒、新宗教の信徒、神道の信徒でも、「自分の信仰的立場」を大切にしようとする人は、それぞれの宗教的理由で生きづらさを抱えているのです。この国では「みんなと同じようにふるまう」ことを暗黙のうちに求められますので、自分は違うということはプレッシャーになり、信仰のゆえにつらさを感じます。信仰は自由だが、みんなと同じふるまいをすること、それを当然のこととして求める、そうした同調圧力はまだ生きています。それをはねのけるのは信仰の戦いでもあります。こうしたストレス・煩わしさに耐えられない人は、次第に信仰から遠ざかります。以前の生活の流れ・その場の雰囲気に合わせる生き方のほうが楽だからです。

日本で宗教は「救急箱」の役割を持つ

宗教とは信じて従うものというより、自分の目的を果たすための手段として価値を持つというのが日本人の理解だと思います。ですから、宗教によって自分の生活や心を支配されるよりも（そうした人生は嫌い）、逆に自分が必要に応じて活用するものと理解します。このために、一つの宗教ではなく、幾つかの宗教を自分の目的に応じて使い分けることが便利であり、自分の生活に合わせて宗教とうまくつき合います。過去の歴史の中でも、宗教者である宮司や僧侶はこうした信徒の心情をくみ取りながら黙認・了承し、うるさいことは言わずに共存共栄でやってきたのが私たちの国の宗教事情です。ただ一部の信徒の中には、こうした二股・三股をかけるような信仰の在り方をよしとせず、一つの信仰にのみ自分の思いをささげる人たちが、少数ながら昔も今もおられます。キリスト教の信徒もこうした人たちの部類に属しますが、多くの人にとって宗教は、必要によって用いる「救急箱」の役割を担うものであり、具合がよくなればしまっておく存在なのだと思います。

かつては教会に来ていたという人たちも、そうした日本的宗教観が心の奥深い部分で存在しており、何かのきっかけで元に戻ってしまうのではないでしょうか。キリスト者として生きるためにはある程度の年数を要しますが、元に戻るのは一年もかかりません。そうして、教会に通っていたことは思い出の一つとして、その人の人生に記録されることになります。若い時や昔に教会に通っていたことを懐かしく語る人にお会いするのは珍しいことではありません。今の生活に満足しておられる様子を見るとき、その人にとって宗教は、人生経験の一つの出来事として心にしまわれているのだなと感じます。こうした心情はこの国で暮らしてきた人にとってごく自然なことですし、信仰から離れたとしても、とやかく言う人はいません。

日本において宗教は評価が低い

日本文化を語るとき、神道や仏教の影響を受けた思想、建築物、芸術を抜きに語ることはできません。また、日本人の思想や価値観、人生観を語る場合も、神道や仏教抜きに語ることは不可能です。これほどまでに、民俗宗教や神道や仏教は日本文化に大きな影響を与えています。日本での歴史が浅いキリスト教も、日本の文化や思想に与えた影響は無視できません。それなのに、日本において宗教は、宗教として尊敬され、重んじられているとは言えません。宗教は弱い人が信仰するもの、お迎えの近い人のためのもの、怪しい、危ない、非科学的で信頼できない、宗教に凝ると痛い目に遭うなどといった軽蔑的・後ろ向きの考えが多くの人の心に根づいています。

なぜそうなったのでしょう。日本の歴史の中で、いつもそうだったわけではありません。

宗教が重んじられた時代はあったはずです。いや、重んじられ大切にされた時代が長かったと言うべきでしょう。ではいつから宗教に対する評価が変化したのか。それは檀家制度や天皇制による氏子制度以後の時代からだと思います。宗教が自由に選べなくなり、宗教を持つことが義務づけられるようになり、宗教家が人々の悩みを聞き支援することよりも、寺院や神社の運営に心を向けるようになって宗教が世俗化していった結果、人々の評価を下げてしまい、宗教への信頼を弱めていったのだと思います。

人々の心の中には、「宗教家は聖《きよ》くあってほしい」との期待があります。ずっと昔の奈良時代頃には、「聖《ひじり》」という、僧侶に対する尊称がすでに定着していました。宗教者への失望が、宗教そのものへの失望となっているのが現在の有様です。

宗教は、はたして評価を取り戻せるでしょうか。そのためには、まず宗教家が、それぞれの信じる宗教の示す生き方に誠実に従うことであり、そのようすを見た人々が宗教に対して謙虚になることで、おのずから評価は回復されていきます。

4　宗教そのものに原因がある場合

宗教はこの世の中を否定もしくは警戒するように教える

宗教はこの世の中で基盤を確立してきましたが、宗教は「この世の中」の価値を高く評価しません。ただし、以前に記しましたように、神道は民俗宗教を母体に持ち、人々の暮らしの中で形成されてきましたので、この世の中を肯定します。ですから神道の信者の方は、たとえ神道の信仰を捨てて儀礼をやめても普段の生活そのものに大きな変化は生じず、周囲に溶け込みます。しかし仏教やキリスト教の信徒は、それぞれの信仰について学びを深めていくとき、この世の中に対して一定の距離を取ることを自覚し始めます。

仏教がこの世の中（現世）を否定的に見ていることは、私たちの多くが知っています。この世は移り変わるものであり、この世の中に確かなものは、自分を含めて存在しないと語ります。ですからこの世に執着せず、小欲知足の生き方をすること、自分を富ませるより他の人に慈愛を示すことが真の幸福につながると諭します。しかし私たちは、自分が富む者になりたい、他の人よりも幸せになりたいとの欲にかられる存在ですので、到底、仏教の目指すものに近づけません。人は仏教の功徳で自分を豊かにし、悩みをなくしたいと願っています。この対立は決して解消できることではありませんが、日本の仏教（大乗仏教）はこの願いに応えることで信者を獲得してきました。もし仏教本来の釈尊（釈迦）の教えを日本で実践していたら、仏教を信じる人は少数にとどまり、今の仏教とはすっかり様子が変わっていたはずです。

キリスト教もこの世の中に対して懐疑的な姿勢を取ります。キリスト者にとってこの世は富と罪の誘惑があり、神から離れる危険性があって、注意を要する世界です。ですから生きていくための財や食べ物は必要でも、過分に求めることは戒められます。飽食よりも禁欲的であると言えます。しかし私たちは、神の名によって富や健康、成功や繁栄などを求めます。それを手に入れることが祝福だと思い込みます。キリストは私たちのために貧しくなられたのに、私たちはそのキリストを踏み台にして豊かさを手に入れようとします。その矛盾に気づきません。いや、気づいていても、知らないふりをしているだけかもしれません。

宗教は本来、人生の欲求を満たすというよりも、私たちに問いかけ、立ち止まらせ、方向転換をさせることで、尽きることのない欲望と争いから、別の生き方へと導く役割を持っているものです。しかし私たちは自分の考えや価値観を優先し、宗教に協力を求め、宗教を自分の道具にしようと要求しているのです。そうした中でも一部の人が信仰に従う決断をすることで、宗教は今日まで保たれてきたのだと思います。よって、宗教と私たちは対立する・葛藤する関係ですので、信仰から離れる人が出るのは当然だというのが、宗教の側からの見方です。

宗教は人間の願いをかなえる道具ではない

宗教は、独善的で一方的な自己主張だけでは人間の歴史の中に長くとどまることができません。人間にとって何らかの益がなければ、信徒を得ることはできません。祝福・ご利益・報酬のような部分がなければ、信じることも、信仰にとどまることも、他の人に伝えることもできません。ですから、どの宗教でも「信仰による祝福・功徳」が教えられています。それはこの地上でも受けられ、来世でも与えられます。信仰の対象である神仏は、人間に厳しいことも優しいことも語りかけます。

しかしだからといって、宗教の目指す目標は、人間の願いをかなえることではありません。神仏には人間に伝えたいメッセージ（真理）があります。そのメッセージこそが宗教の主目的です。日本人に最も近く優しいと思える神道の神仏でも、自然災害や戦争や疫病を通じて、人間世界に壊滅的な打撃を与えます。なぜと問いかけても、答えは見いだせません。ただ状況を受け入れ、従うのみです。こうしたときに人間の無力さを思い知り、謙虚さを学びます。仏教やキリスト教においても厳しい教えが語られ、高い規準が求められます。人間の顔色をうかがう気配はありません。仏教でもキリスト教でも語られているのは宣言であり、教えであって、人間に相談するような形ではありません。

こうしたことが、宗教にご利益や願いを求める私たち人間に戸惑いをもたらし、失望して離れていく人を生みます。宗教がサービス業ならばもっとソフトなことば遣いや協力依頼をするのでしょうが、宗教はいわば宣言書、指導書ですので、そこに選択と決断が求められます。そのため、失望して去っていく人が起こります。寺院や教会に失望するだけでなく、「神仏につまずく」ことが起こります。これが、宗教が「独善的」と受け止められて離れる人が起こる、避けられない理由ともなります。

霊的領域という宗教の土台が人を懐疑的にさせる

宗教は科学的立証になじみません。つまり、宗教で語られる神仏の存在、人間の魂の存在、死後の生命・世界・さばきのことなどは、科学的に立証して、みんなで確認することができません。よって、宗教はあてにならない、空想の話、信じるに値しないなどと言われることも起こります。「信じる」とは、立証しえないので信じるということです。立証できるのなら、「信じる」と言わず「確認した」と言えばよいのです。科学的に証明することが信じることの前提となった今、信仰の世界はあやふやなものと考えられるようになっています。しかし、だからといって神仏がいなくなったということではありません。科学という方法では立証できないだけのことです。しかし、このことが多くの人にとっては宗教に対する不安感・不信感と直結します。ですから神仏の存在を信じる人は確実に減少し、四〇％に満たない数字を示しています（57頁参照）。

霊的な存在は立証できませんが、その存在を確認するのに何の手段もないかといえば、そうでもありません。別の方法があります。それは、一人一人が神仏の存在や導きを生活の中で経験することです。「体験する」ということは、みなが一様に味わえるわけではありませんが、その人の体験談として語ることはできます。科学的な証明のレベルとは言えないまでも、体験した人の証言を多く集めることは可能です。それは偶然なのか、気の迷いなのか、だまされているのか、立証はできません。信仰は、信じている人にだけわかるという面があります。ただし、それが周囲の人を一層、懐疑的にさせてしまうこともあります。

見える世界が存在するように、見えない世界もまた存在すると宗教は語ります。しかし信仰があやふやになってくると、見える世界だけが存在するという考えが強くなっていきます。そして信仰から離れていく、つまり信仰心をなくすという結果が生じます。宗教には立証が難しい部分があるため、自分の考えや社会の常識を超えた、未知の分野があることを認める謙虚さが必要であり、今の時代はそれを迷信・盲信の類として退ける「世の中の常識」が優勢です。

宗教は社会常識・社会経験・独学では理解できない

私たちは、生まれたときから今日に至るまで、家庭や学校、社会で多くのことを学びます。これからも一生をかけて知識でも体験でも心の面においても、必要なことを学び続けます。しかし、宗教理解はそれだけでは十分ではありません。むしろ、時としてそれらの知識（常識）が理解を妨げることもあります。思い込みや偏見が入り込んでくるからです。私立の学校は別として、公立の学校では、日本の宗教の概要や基本的な考え、儀式などは、ほとんど教わることなく卒業します。家庭の中ですら、宗教行事の意味を教えてもらえることはめったにありません。人生の中で断片的に情報を得るのみです。ですから宗教に関する知識や理解をほとんど持ち合わせていません。そのような中で宗教がからんだ社会事件が起きたりすると、「宗教は怖い」と距離を取ることになり、ますます健全な宗教理解が得られないままとなります。

仏教の経典にしても、聖書にしても、読むだけで理解ができるということはまずありません。その宗教に詳しい人から教えを受ける必要があります。経典や聖書が日本語で書かれていても、解釈は難しく、理解するのに時間がかかります。その間、忍耐と努力、また謙虚さが求められます。宗教の教えは心が励まされ、慰められる部分がありますが、一方で厳しい教えもあり、受け入れがたい内容もあります。これまでに得た知識や体験と異なることも記されており、反発や反論したくなる部分も相当あります。そうした心を持ちながらも耳と心を傾け続けることで、その宗教が本当に伝えたいと願う奥義・真理へと徐々に導かれます。

それまでの間、待てるでしょうか。待てなければ、失望したり、反発したりして去っていくことになります。宗教には信じてとどまる人と、失望して去っていく人が必ず起こります。そうした時に、何とかとどめたいと願うならば、フォローアップできる人や体制があるかが、その後の本人の人生と教会の将来を決めます。

宗教を求める・知りたいと願う場合、時間が年単位でかかることも多く、また自分の知識や経験よりも謙虚に耳を傾けること、理解が深まりそうな集会等に参加してみることも必要です。その間に、迷ったり疑ったりする過程を通りながら、自分にとってこの宗教・信仰は価値があるのかを吟味することができます。盲信や欲得ずくの信仰とは真逆の、まさに「求道」が求められるのです。

第3章　日本人にとって宗教とは何か

1　現在の宗教事情

私たちの暮らしから、宗教の存在が影を潜めています。人々の心から、信仰心が薄れています。文化庁が公表している『宗教年鑑』（令和三年（二〇二一年）版）の中に、「過去一〇年間における主要数値の推移」という報告があります。その中で平成二三年（二〇一一年）から令和二年（二〇二〇年）の一〇年間に、信者数が一五〇〇万人減少したこと、宗教法人数も約一七〇〇法人減少したことが記されています。これから少しページを割いて、各種のアンケートに基づいて現在の日本の宗教事情について述べます。

アンケートに見る宗教事情

最初に、ＮＨＫが五年ごとに実施している「『日本人の意識』調査」（『現代日本人の意識構造』第九版、二〇二〇年、ＮＨＫ出版）の中から紹介します。

①「神仏を信じますか」との問いかけに、神については三一％の人が、仏については三八％の人が「信じる」と答えています。同じ質問に対して「信じる」と答えた人の数は、四五年の間に徐々に減少しています。

②「宗教や信仰については、何も信じていない」と答える人が三二％で、四五年前より少し増加しています。

③「あの世や来世を信じていますか」との質問に対しては一一％の人が「はい」と答え、この傾向はほぼ変わっていません。

④「奇跡を信じている」「あの世を信じている」と答えた人は、高年層（六〇歳以上）よりも若年層（一六〜二九歳）が高い数値（二〇％台）を示す一方で、「宗教や信仰に関する事柄は何も信じていない」と答える人は、高年層よりも若年層が多い（三〇％代後半）という逆転現象が見られます。

⑤宗教的活動の中で「墓参り」は高い数値を示し、七一％の人が先祖とのつながりを大切にしており、この傾向は四五年間に徐々に増加しています。それ以外では、「お守り・お札《ふだ》」が三〇％、「祈願」が二五％となっていて、ほぼ横ばいの数値が続いています。

次に、『データブック現代日本人の宗教　増補改訂版』（石井研士、二〇〇七年、新曜社）

の中から紹介します。この著書には多くのデータが紹介されていますが、本題と関わる一部分を紹介します。

①「信仰を持っていますか」との問いかけに対して、学歴別や都市部と地方の比較が紹介されています。まず学歴別に見ると、高学歴になるほど宗教に懐疑的な傾向が見られます。「信仰がある」との答えは、中学卒四八・九％、高校卒三七・九％、大学卒三四・七％となっています。「宗教は大切」との答えは、中学卒四二・六％、高校卒二九・一％、大学卒二二・六％です。続いて、町村部と中都市と大都市を比較してみると、「信仰がある」との答えは、町村部で二六・一％、中都市で二六・四％、大都市で一六％となっています。「宗教は大切」との答えは、町村部で四二・六％、中都市で三六・三％、大都市で三二・二％です。自然の豊かさや伝統行事や習俗とのつながりに欠ける大都市ほど少ない傾向が見てとれます。

②宗教団体との関わりとして、「神社や寺院への参拝の機会」について尋ねた調査では、神社については初詣が六九・五％、お祭りが三〇・一％、七五三が二四・九％でした。一方、寺院は、お盆やお彼岸が五五％、初詣が一五・三％でした。

③「家に祀られているもの」について尋ねたところ、仏壇が四九・八％、神棚が四四・一％あり、他に著名な神社やお寺のお札が二六・三％との結果でした。一方で「ない」と

答えた人も二四％いました。仏壇や神棚の保有率は町村部で高く（七〇％台）、都市部に少ない（三〇～四〇％台）状況であり、都市部に多い核家族世帯は比較的若く、高齢で亡くなる人が少ないことも理由になっていると推測します。

④「あなたは特定の宗教団体に入っていますか」という質問が、二〇〇三年に國學院大學によって実施されています。その結果、特定の教団に入っていると答えた人は八・八％であり、入っていないと答えた人は九一・二％に上っています。前者（八・八％）の内訳は、創価学会が三・七％、伝統的な仏教団体が一・六％、キリスト教系が一・一％と続きます。他の宗教団体・教団は〇・数％の状況です。特定の宗教団体に所属することを避ける日本人の宗教意識がよく表れている数字です。一時的に特定の宗教団体や教団に所属しても、何らかの理由や状況の変化があれば、そこから離れて無宗教へと戻る引力が働いているように思います。

同様に、教会にしばらく所属してもいつの間にか離れてしまうことは、無意識の行動ではないでしょうか。日本においては伝統的な宗教である神道や仏教の習俗的・習慣的関わりが生活の根底にあるため、特定の宗教教団に所属し続けるためには、受け入れる教団側でも信者側でも相当の努力や所属意識がないと、何かのきっかけで元の状態、つまり無宗教に戻ってしまうのではないかと思います。この点が、教会に来ていた人が特別の問題がなくても数年後には去っていく根源的な理由だと考えます。

宗教を意識せずに暮らす

私たちの国では、神道や仏教を明確な宗教としてというよりも、生活の中に組み込まれた習慣として理解してきました。それらは日常生活の中に溶け込み、季節ごとの行事として、また人生の節目の行事として守られてきました。どんな意味があるのか、その信仰にどんな教義があるのかは問題ではなく、それを行うことで安心し、それぞれの役割を果たしているとの安堵感が大切にされてきました。

「通過儀礼」ということばがありますが、日本においてはまさしく、季節ごと、人生の折り目ごとに通過していくことに意味があります。そのため、その背後にあるのが神道であっても仏教であっても、必要ならキリスト教であっても問題ではありません。多くの人が一緒に行うこととそれ自体が大切にされてきました。

特定の宗教を持っても、生活の中で慣れ親しんできた習慣としての宗教と絶縁したつもりはなく、特定の宗教と並行してこれまでどおりの生活を送る人が多いのではないかと思います。たとえ「特定の宗教を持ったから」という理由で慣れ親しんできた宗教の習慣をやめても、何らかの理由で特定の宗教をやめればすぐに元の生活に戻れてしまう、そうしたことに違和感や挫折感を持ちにくいのが日本人と言えるでしょう。特定の宗教のみに従うということは、限られた人の宗教観であって少数者であり、その方たちはあえて自己主張をしない人たちです。宗教を前面に出しての混乱は避けようとします。

自覚を持ってキリスト者になる

教会に通うこと、キリスト者になることは、日本の宗教土壌の観点から見れば、多くの場合、一大決心です。キリスト者になったからといって、これまでの家族とのつながりや友人関係や仕事に決定的な変化をもたらすわけではありませんが、それでも神道や仏教に比べれば、日常生活や人間関係の変化は生じるものです。「方向転換」は確実に、そして徐々に起こってきます。

キリスト者になる以前は、この日本で暮らすことにほとんど違和感を持たずに暮らせていましたが、キリスト者になったときからこの世・日本という社会とのつき合い方を考えながら暮らしていくことになります。少し大げさに言えば、人生を再構築する作業の始まりです。キリスト者として暮らすことと、日本のしきたりやつき合いの中で、少なからずストレスが生まれます。今までしていたことをやめたり、逆に生活に取り入れるようになることで、身近な人との間や自分自身の生活の中で、思い悩むことが生じます。

この変化や戸惑いを理解し、支えてくれる教会の交わりがないと、社会でも教会でも孤立し、居場所をなくす人が必ず出てきます。その結果、一度つながった教会から離れていくのは、十分に起こりえることです。

教会はこの状況に気づいているでしょうか。一人の人を信仰に導くのは大切なことですが、信仰を持った人が失望の中で去っていくのを食い止めることも同じくらい大切なことです。教会には、この国のキリスト者が置かれた状況への理解と配慮が不足しているのだと思います。信仰を持ったことで何かが変化し、キリスト者として体験する新たな悩みへの支援とサポートがなければ、元の状態に戻るほうが楽になり、その道を選ぶ人は少数ではありません。こうした状況は、キリスト教のような排他性を持つ「特定の宗教」に共通した課題ではないでしょうか。家庭の中でただ一人のキリスト者が味わう孤独や不安は理解されているでしょうか。

２　地域のつながりが薄れて

人口減少の影響は宗教にも

私たちの国は高齢者が増加する一方で、確実に人口減少に向かっています。地方都市や大都市への若者の人口流入が進行している中で、地域社会は過疎化のためつながりが弱くなっています。戦後史上、経験したことのない社会の変動が進んでいます。このことは宗教にとっても、まさに一大事、存亡の危機です。地方の人口が減少することで、神社や寺院はこれまで培ってきたネットワークが弱体化し、経営面においても維持するのが困難になります。廃神社・廃寺院、もしくは宮司・僧侶が兼務する神社・寺院が増加していきます。このことは祭りの維持も墓地の管理も危うくなることを意味します。

キリスト教が特に地方において定着できなかったのは、神社や寺院の強固な基盤があったからですが、その基盤も危うくなってきています。法的根拠はなくなっても、氏子制度や檀家制度の実体は温存されてきました。地方の人たちは、神社や寺院とのつながりを保持し、何かあれば助け合う関係を築いていました。ところが高齢化と人口減少と都市部への流入によって、支える人が少なくなり、宮司や僧侶の後継者にも困る事態となっています。同じグループ・教団でも支援に踏み出すのをためらうほど再生の目処がつかないのが現状です。人口減少が加速することで、これからの二〇年間に四〇％程度の神社や寺院、また新宗教やキリスト教の教会で、宗教施設の廃止や兼務が進行すると予測されています。宗教の機能マヒは避けられない状況です。

人口減少の影響は地方ほど大きい

地方の衰退は、その自治体の財政難をもたらすだけでなく、農業、林業、漁業の衰退、後継者、つまり人材がいなくなることに直結します。地方の文化や生産力の低下は、都市部で暮らす人の消費生活をも不安定にさせていきます。都市部への人口流入は全世界的な傾向ですが、日本においても同様に、深刻な結果をもたらしつつあります。その中に、宗教の衰退も含まれるのです。

地方の宗教は生活に直結し、宗教の底力を表してきました。信仰と生活がつながり、信仰が暮らしを支えていたのです。その生命力が弱くなるということは、宗教の空洞化・形骸化が進むということです。

生活の中から生まれた民俗宗教と、その中から形を成して生まれた神道と、それらに影響を受けた日本の仏教は、日本人の宗教そのものでした。神道は教義がないと言われても、仏教は葬式仏教だと言われても、長きにわたって日本人の宗教心を支え、心の拠りどころとなってきました。その基盤は地方にありました。なぜなら、地方こそ神道や仏教の生きた実践現場であり、信仰と生活が結びつく生活の場だったからです。その現場が弱っていくこと、地域の人々のつながりが薄れていくことは、宗教そのものが空洞化していくことにほかなりません。

都市部での人口減少の影響

では、人口が増える都市部は大丈夫かと言えば、そうではありません。なぜなら、もともと都市部は人と人とのつながりが弱く、個人主義的で宗教心の薄いところです。長く都市部に暮らしていた人のところに、地方からの人たちが移り住んできます。その人たちは、移り住んだ地域に根づこうとはあまり考えません。その土地に関心を持ったというより、仕事や学校の都合、経済的な理由、利便性でその場所を選んだのであり、その地域に溶け込もうとするわけではありません。ましてや、その地域にある神社や寺院や教会に関心はありません。神社・寺院・教会も、地域に移り住んできた新住民たちに強い使命感を持っているわけではありません。

地方ではそれらにつながっていた人でも、都会に来れば、しがらみから解放されます。宗教でつながっていたというよりも、人間関係でつながっていたと言うべきでしょう。都会の開放的な雰囲気と自由さの中で、人は宗教心を忘れ、宗教的つながりも切れて、無宗教状態に陥ります。都市部には、楽しみが多くあり、気分転換もでき、人間関係も希薄となって解放された状態になります。

キリスト教も打撃を受ける

キリスト教は神社や寺院の連帯性の強い地方では浸透することが難しい状況でしたが、都市部の地域の連帯性が弱く、供養すべき人がいない核家族には受け入れられる心的余地がありました。個人の意思で入信の決断をしてもらえるため、信者を得ることができました。日本の人口の一％がキリスト教信者といっても、地方では〇・数％にすぎず、都会がやっと一％を超える状況です。都会のほうが割合が高いのは、地域性が弱く、仏壇や神棚が少なく、しがらみが少ないからこそです。

ところがその都会は、現実重視、宗教心の希薄化、個人主義、気分転換の豊富さの中で、脱宗教が進んでいます。仏教系・神道系・新宗教系のどの宗教も地盤沈下を起こしています。初詣や墓参り、お祭りや占いが相変わらず盛んに見えても、普段の生活の中での宗教とのつながりが弱くなっているのです。

教会も例外ではありません。地方の既存宗教である神道や仏教の弱体化や、都市部への人口流入傾向は、キリスト教にとっては望ましいように見えるかもしれませんが、宗教自体がそっぽを向かれている状況においては、もともと基盤の弱いキリスト教自体も衰退するしかありません。キリスト教が活性化するためには、宗教自体、つまり神道や仏教や新宗教が評価され、信頼される状況になる必要があるのです。あるいは、キリスト教が地域の人たちのニーズを発見し、もっと寄り添う努力と工夫をすることが必要でしょう。

3　自分のための信仰

現代の宗教の利用価値

日本人にとって信仰は、どんな意味・役割を持っているでしょうか。どの点で重宝されているのでしょうか。日本人にとって宗教は、家族が亡くなったときの葬儀とそれに続く墓地への埋葬において必要とされます。法事もまだ大切にされています。お正月やお盆行事にも宗教は必要です。悩みごとや願いごとがあれば、宗教は頼られるところです。人生の節目や季節の区切りの時に大切にされてきた行事・祭りは、神道や仏教と関わりがあります。その行事や祭りが魅力をなくしていけば、それに連動して神道や仏教もまた影響力を失います。

今の時代は毎日がイベントや予定の連続で、季節感も乏しく、人生のメリハリもつきにくくなっています。日本人の死亡場所は病院が八五％と最も高く、人の死をじっくりと見守ることも少なくなっています。家族が看取る時間は制約され、亡くなれば葬儀社がすべての段取りをやってくれます。家族がすることはあまりありません。身内が亡くなったからといって四十九日の喪中を過ごすこともなく、亡くなって一週間後には普段の生活が待っています。人の死もまた通過儀礼化しています。一年間の季節の変化と、人生の節目の行事が軽視されるようになったことで、それらと密接につながっていた神道や仏教行事が省略・簡略化されています。そうして宗教や宗教的雰囲気に触れる機会が減ってしまい、日本人は宗教心を培う機会を失っています。

家の宗教から私ごとへ

日本において、戦前までは宗教は個人のことではなく、家族のことでした。まさしく「家の宗教」として大切にされました。自分が生まれたときはすでに宗教が家にあり、それに従い、信仰を守ることが家族の一員としての務めでした。ですから宗教をやめるとか替えるとかはまずありえないことでした。家の宗教は集団の宗教であり、仮に個人が宗教を持つとすれば、家の宗教を優先することでやっと認められる「私ごと」の位置づけでした。

これが変化してきたのは戦後のことです。戦後、日本人は民主主義や個人主義を学び、自分の考えや意思を大切にする価値観を身につけていきます。また科学主義や合理主義の影響もあって、実証できないことへの不信感は増大しました。このため、家の宗教にはこだわらないこと、宗教自体にこだわらないことを当たり前と理解していきます。家の宗教は、個人の宗教へと重心を移します。さらには宗教自体がかすんでいき、「無宗教」「脱宗教」へと風向きが変わっているのが今の時代です。もし、宗教を持つ・宗教に関わるとしても、自分ごととして考えるのであり、布教・伝道にはあまり関心がありません。熱心に布教しているとすれば、それをすることを強く勧められていたり、そうすることで利益があると語られている可能性があります。

今の宗教は、自己完結型・自己目的型の傾向が強く、教会においても同様です。自分のための求道には熱心でも、信仰を持った途端に鎮静化するため、伝道は進みません。信仰は人から人へとバトンタッチされて今日まで続いてきましたが、バトンが止まってしまうのです。

自己目的を超えて

宗教は、信者の労苦と使命感と熱意によって、困難が伴う中でも布教・伝道が進められてきたことで広がっていきました。一つの宗教が拡大していくためには、それに携わる人の打算を超えた活動があります。それは今もそうです。ただお祈りしているだけでは、宗教が広がるのは難しいものです。しかし今では、お金さえかければ、インターネットで、いろいろの広告で、宣伝はできます。

「自分の目的」や「自分の都合」に傾くと、宗教は自己目的達成のための道具になり下がります。人が宗教を求める、必要とするのはほとんど「自分のため」です。それは自然なことであり、それ自体が悪いわけではありません。しかし、それで終わってしまう・完結するのは問題です。宗教は自分のためであるのと同時に、他の人のためでもあります。私物ではなく、公的なものです。まず自分が宗教によって恵みを受けたら、その宗教は家族をはじめ他の人のため、見知らぬ人のためのものとなっていくのです。そこに私利私欲を離れる生き方が生まれます。このことを宗教は語りますが、自己目的で終わる人は、この気高さが耳に入らなくなります。当然の結果として、宗教は活力を失い、生命がしぼんでいくことになります。

今、宗教が立っている苦境は、世の中の変化によって宗教が存在価値を失いつつあるだけでなく、宗教を求める人の個人主義的な価値観、さらには各宗教の組織・活動の硬直化や怠慢にも大きな理由があります。宗教の衰退は、宗教自体の原因によるものが大きいのだと思います。

4　今や宗教は世の中を変革できないか

共同体から個別化へ

宗教の個人化・自己目的化が進むことは、宗教の団結力や影響力が衰えることにつながります。国や地域、会社や組織が団結や協力を強く求める場合というのは、何らかの危機的状況があるときです。私たちは普段、それぞれの意思で自由に過ごしていますが、緊急事態になると否応なくまとまることを求められます。宗教ではこうしたとき、カルト集団化・洗脳化が起こりやすく、危ないことです。ですから、宗教が個人の自主性や主体性を重んじる穏やかな状態にあることは、健全であると言えます。

しかし、過度に個人化・自己目的化が進むと、宗教の目指す目標やあるべき規範が軽んじられるようになります。表面的には何らかの宗教を持っていても、実際は都合のよいときだけ、関心が向くときだけに関わることになってしまいます。それでも本人は、何らかの宗教を信じていると自認しています。こういう人は、なかなか厄介です。本当は信徒としていろいろな課題があるにもかかわらず、本人はそれを自覚できません。宗教の教えるあるべき姿を求めるのではなく、自分が気に入ったことだけを受け入れて自己満足します。

たとえば、こういうことがあります。ある信徒が、聖書を読んでいるとします。その中に自分の心に留まったことばがあると、それを喜び受け入れます。ところが、自分にとって痛いことばがあると、避けようとする思いが働きます。つまり、聖書のことばのえり好みが生じます。また、何らかの目的を持って聖書を読んでいるとします。その人の心には、神のみこころ以前に自分の願いがある場合、その願いに沿うことばを探します。たとえ都合の悪いことばに出会っても無視しようとします。

私たち人間は、そうした身勝手な部分を持つ存在です。この身勝手さゆえに、宗教のほうが本来の教えからそれていくということが起こります。

宗教は個人の都合を考慮しない

宗教は本来、人間の思いと反することを、忖度《そんたく》なしに人間に要求してきます。ですから宗教は、人間に憎まれることもあれば、迫害を受けることも起こります。耳触りのよいことだけを語る宗教があれば、それは偽りの宗教です。宗教は、私たちの心や人生に疑問を投げかけ、自分の価値観と違うことを語りかけてきます。その中で、私たちの人生は軌道修正や方向転換をし、何かを失ったり、これまで持っていなかった新しい宝を手にしたりします。宗教を持つ前と持った後では、考えも生き方も価値観も変わってきます。

しかし、そういう人は多数者にはならないのだろうと思います。聖書には、イスラエルの人々が神のみこころを裏切り、神に失望を与え、それでも困ったことが起こると助けを求める身勝手さが幾度も記されています。神が身体をお持ちであれば、とっくに胃潰瘍や心臓病になっておられるでしょう。神の寛容と赦しがあって、これまで人類は続いてきたのです。新約聖書にも同じようなことが記されています。主イエスに対する人々の言動や、教会の中で起こる極めて人間的なもめごとは、信仰を求めつつも我欲と偏見と身勝手さにとらわれる人間の姿を映し出しています。

しかし、その人間に「新しく生まれる」ことが起こるとき、その人自身とその周辺に変化が起こります。この変化が増大するとき、社会の変革が可能となります。しかし人が個人的な欲望と満足にとどまるなら、社会は何も変わりませんし、宗教の持つ大きなエネルギーも拡大しません。つまり個人も社会も新しくなりません。新しくなれない宗教はエネルギーをなくし、やがて消えていくことになります。今の日本の宗教は、どの宗教もエネルギーをなくしつつあります。神道や仏教や新宗教が力・影響力を失いつつあるのは、キリスト教にとって伝道のチャンスのように見えるかもしれませんが、実際はそうではなく、キリスト教自体も衰退していきます。つまり、宗教そのものが無力化していくのです。

　宗教の活性化のためには、宗教それぞれが各自の存在価値と使命に立って、世の中の人に向かってメッセージを語り、問いかけなければなりません。そうして人々の心に眠る宗教心や、自分の人生を大切にしたいとの思いを呼び覚ますことが必要です。そうでなければ、宗教は博物館行きになるでしょう。迫害を受けなくとも、宗教は自ら衰退し、消えていきます。宗教の刷新・一新はこれまでの歴史の中で起こってきたことであり、それが今、求められているのだと思います。

第４章　教会はどう対応すればよいのか

1　教会の現状と課題

現代の教会の諸事情

教会が抱える課題に目を移しましょう。キリスト教の信徒の多くは、地方の町村ではなく、地方都市や都会に暮らしています。しかも自宅から教会まで歩いていける距離、自転車やバイクで通える距離、車で十分程度の距離というより、電車やバスで三〇分以上かけて、通勤距離のように離れた範囲まで通う人が大勢います。これでは地域に密着した教会とは呼べません。通い始めた当初は教会の近くにいても、仕事の都合、結婚、自宅の購入などの理由で遠方になることもあるでしょう。

その結果として、教会の近くに住んでいる信徒は減少し、遠方の人が増加して、地域とのつながりが薄れることも十分考えられます。そうした不可避の事情があるにしても、教会の存在する地域の人たちへの働きかけは自覚的な努力が必要ですし、そうしなければ実のある結果も得られません。現在、教会は全国に約九〇〇〇ありますが、その半数が礼拝出席者四〇人未満の教会ですので、神社や寺院の規模から見れば、比較にならないほど小さな影響力しかありません。

江戸末期からの教会が置かれた状況は、「耶蘇《やそ》教」と呼ばれたキリスト教への偏見や、天皇制のもとでの敵国宗教として受ける差別や、神道や仏教との教義上の対立や、キリスト教自身が持つこの世への警戒心などから、開かれた教会づくりではなく「内向きの教会」形成となったために、地域との連携・協力とは程遠い歩みをしてきました。

一部の教会は地域のニーズに応えるために、幼稚園・保育園・英会話・学習塾などを併設し、身近な教会となれるように努力しましたが、そこに時間を多くとられることで伝道に影響が出ることや、経済面での依存が高くなるなどの危険性もあって、多くの教会に広がるまでには至りませんでした。世の中の人たちは教会に対して、神道や仏教と同じように、自分の好きなときに都合のよいことを期待します。それは日本においては普通のことであっても、宗教としての教会からすると、いいように利用されるだけに終わる可能性があります。日常生活の中で起こる心配や悩みや願いを通じて、それをきっかけ（縁）として宗教的な関心や求道に至ってほしいというのが、キリスト教のみならず宗教の共通した願いです。

人間の思いが働くと

しかし、人間には人間の欲求・欲望があります。ですから自分の目的を達することが先決であり、その欲求が満たされなければ宗教から去ります。欲求がある程度満たされると、さらなる欲求が生まれます。そのようにして、宗教は手段となります。神道にしても仏教にしてもキリスト教にしても、人間の幸せを願わないはずはなく、望みもかなえてあげたいと考えます。しかしそこには限度があり、欲望は身を滅ぼすことも十分ありますので、いつでも人間の願うとおりにはなりません。むしろ、困難や苦しみや悲しみの中にさえも幸せに至る機会があると考えます。苦しみや困難から学ぶことの大切さをも教えます。それが宗教のすばらしい価値観・人生観の提示です。しかし人間はそうは考えません。ですから自分の願いをかなえてくれる宗教を求めます。このため宗教は本来の役割からそれて、愚かにも人間ににじり寄り、結局は世俗化し、堕落します。宗教が大衆化して、より多くの信者を獲得しようとしたとき、妥協と打算の罠に陥ります。

変な言い方になるかもしれませんが、宗教を真実に信じてくれる人は、少数なのかもしれません。一人でも多くの人を救済しようとするかもしれませんが、それは宗教の陥る致命的な病であり、本来は宗教を信じて従える人は少数なのかもしれないと思えます。それを「万人の救済」を目指すために、気づかぬ間に耳触りのよい教え、妥協した信仰、生煮えの信仰になって、宗教が堕落していくことになるのだと思います。一度宗教団体が大きくなると、それを維持するために本来の道からそれていき、挙句の果ては宗教の輝きが失われ、人々からそっぽを向かれるということがあるのです。

今の教会が抱える諸課題

現在の教会は幾つかの課題を抱えています。その一つは、教会に集う人たちの高齢化です。これは信徒だけでなく、牧師・伝道師と呼ばれる教職者も同様です。私たちの国全体が高齢化していますので、当然のことです。これをカバーするためにも、信徒や求道者数が増えること、教会に集う人たちの子どもたちが教会にとどまることが実現できればよいのですが、そのようにはなっていません。また高齢化に伴い、教会の働きを支える奉仕者や献金が減少しているのも課題です。教会の活動のためには、奉仕者もお金も必要であり、そのことによって積極的な働きかけが可能ですが、現状維持で精いっぱいとなります。

もともと教会は、規模が小さい中でも、信徒の誠実な奉仕と献金によって支えられてきました。高齢化が進行すると、そのために教会に集うこと自体が難しくなる人たちが増加します。送迎は可能でしょうか。オンライン礼拝への参加は可能でしょうか。地域ごとに家庭集会を開くことは可能でしょうか。自宅で暮らす老夫婦や一人暮らしの高齢者への配慮はできるでしょうか。まさに、世の中と同じ課題が教会でも現実のこととして起こっています。

私にはずっと以前から悔いていることがあります。それは、日本の教会の「信仰と生活」を分けてしまう良くない傾向や、「魂の救い」に心を向けすぎて「全人的な救い」、つまりその人の人生そのものへの関心をおろそかにしてきたことへの悔いです。一人の人の信仰に着目しすぎて、生活そのものへの配慮が欠けていたということです。別の言い方をすれば、信徒の教会との関わりには注意を払ったが、普段の生活に関心や配慮を欠いたということです。このために、健康と病気のこと・家族関係のこと・仕事と経済状態のこと・将来の暮らしのことなどは、本人だけが悩むべき課題となってしまいました。

教会に来ても個人の生活には触れず、当たり障りのない話題で切り抜け、特定の人にだけ心境を話すということはないでしょうか。教会が「建て前」の場となる雰囲気が生まれていったということです。教会で礼拝に出席し、奉仕にも参加し、献金も忠実にささげても、自分の老後や生活のことには関心を持って一緒に考えてもらえない寂しさ・むなしさを感じている信徒は多くおられるのだと思います。このことが、ある時期に・ある機会に教会から去っていく人がおられる「声なき声」ではないかと反省しています。

教会の抱える課題の二つ目は、教職者へのなり手の少なさです。教会に牧師や伝道師がいない、高齢の教職者の後継者がいないという話は、二〇年ほど前からたびたび耳にしてきました。状況は改善されず、一層深刻になっています。無牧の教会や兼牧の教会は今後、加速度的に増加します。高齢化がさらに加速し、二〇四〇年頃の日本の総人口は一億一〇〇〇万人程度になると予測され、神社や寺院の四〇％は無住・兼住になると推測されています。教会は地方に少ないことがあって、神社や寺院に比べればその割合は低いと推測されていますが、今よりもはるかに多くが無牧・兼牧教会になることを覚悟しなければならないでしょう。

そうした状況の中で、献身者が小規模の教会に着任するときは、経済的には自分で働きながら伝道・牧会する覚悟が必要になります。現在の教会の礼拝出席人数が四〇人程度ですので、教会からの謝儀は生活するのに十分ではなく、他の仕事をしながら教会の働きに献身することが必要となります。また、定年を迎えた人、あるいは定年に近い人が献身して牧師・伝道師になることも期待されます。一教会一牧師から複数の教会の兼牧が当たり前になるかもしれません。

教職者になることは神様からの召命によることですが、人間的な側面から見ると、教職者がやりがいのある魅力的な働きになりうるかが大事な点です。そのことからすれば、教会が本来持っている「伝道への使命・熱意」を発揮することが献身者を生む土壌であり、背中を押すことになるでしょう。

第三に、宗教的な関心が薄い人をどのように導くかという課題です。教会を訪れる人を教会では「求道者」と呼びますが、必ずしも宗教に関心を持っているとは限りません。「宗教が必要とされる四つの理由」の部分で記したように、多くの場合、教会を訪れるのは自分の悩みや願いの事情によるものです。ですからキリスト教信仰の話をしても、返ってくるのは戸惑いや消極的な反応です。ですから、まず来訪の目的を受け止めながら、少しずつ信仰に関心を持っていただくよう導く必要があります。信頼関係を築き、教会の交わりや集会に慣れ、自分の居場所を持ってもらうことが必要です。このためには少なくとも一年程度は時間が必要です。その間、続けて来てもらえるでしょうか。宗教自体に関心のない人が関心を持ち、求道するのは、本人にとって大きな変化です。その結果として、信仰の決断ができるのです。教会の人たちの協力と祈りが必要です。無関心であれば、教会につながることはないでしょう。教職者や役員や誰かに任せればよいということではありません。迎え入れる思いが教会として準備されている必要があります。かつて自分が受け入れられたときの喜びを思い出してください。

2　共同体の宗教として問い直す

共同体としての教会

ここでは、教会の機能である「信仰共同体としての場」の大切さについて記します。教会に集う人たちは、それぞれの家族や友人だけでなく、全く知らない人たちによっても構成されています。そしてその人たちが互いに交わりを持ち、信頼関係を築くうえで大切なことは、「キリストにあって」という共通意識です。

この思いがなければ、好き嫌いや考えの違い、これまでの生活環境の違いや職歴・学歴の違いで、対立やグループ化が起こります。社会の問題がそのまま教会に持ち込まれます。教会内の人間関係で失望し、傷ついて教会を去る人は多くおられますし、それは社会と何ら変わりがありません。会社を辞める・趣味をやめる・学校をやめる・家族から離れるといったことは、その大きな理由が人間関係にあります。人は人によって支えられると同時に、人によって深く傷つくからです。

「キリストにあって」ということは、神と人との関係で、また人と人との関係で、とても大切なことです。これがなければキリスト教会は成り立ちませんし、存続することもできなかったでしょう。共同体の宗教としてのキリスト教について、個人のレベルで、地域のレベルで、教団や教派を超えたレベルで、問い直していきます。

まず第一に、個人のレベルについて記します。

私たちが暮らす今の時代は、自由ということで言えば、日本の過去の歴史の中で、最も自由な時代だと思います。何でも自由に行動し発言できるわけではありませんが、制約はあっても、かなりの部分で自由です。このことは、時に人を孤独にさせ、孤立させ、独善的にさせ、わがままにさせます。結果、人間関係が難しくなります。教会においても、互いに干渉せず、深入りせず、おせっかいもせず、表面的なつき合いにとどまるような事態が生じます。人間関係がこじれることを心配し、顔を合わせづらくなることを心配し、建て前にとどまる言動が増えていきます。誰かともめれば教会に行くことが苦痛となります。ですからそうした関係になることを避けようとします。何を話すか、どのくらい親しくなるかを無意識のうちに選択します。こうした状況は一見、平和に見えますが、一人一人は満たされない思いを持っています。自分の人生に重大なことが生じたとき、どうしていいかわからなくなったとき、それまでに深い関係が築かれていなければ、急に話せないのは当然です。「キリストにあって」というすばらしい特権は発動できにくくなります。

変な言い方になりますが、教会においては、多少のもめごとは必要であり、その収め方・和解の仕方を日常の場面で練習しておくことが大切なのです。持っている信仰の生かし方を普段の生活で練習しながら、キリストにある赦しと和解のすばらしさを体験することで、新しい人を受け入れる素地ができてきます。素地がないと、新しく来た人との関係も当たり障りのないものになってしまいます。これでは、教会に持続して来ることは難しいでしょう。何か冷たい教会だとの印象を持ってしまいます。

第二に、地域のレベルでの共同体について考えましょう。

教会は数万人規模の街であれば、最低一か所は存在しています。一〇万人規模の市であれば、確実に教会は数か所あります。では街中の教会は、同じ地域のキリスト教会として協力しているか・協力できているかといえば、我が道を行くという状態で、連携も協力もほとんどできていません。「キリストにあって」ということばが本音と建て前で食い違っています。教義や歴史、制度の違いが互いを分け隔てています。でも、同じキリスト教会だと語り、「仲が悪いわけではない」と苦しい言い訳をします。規模の大きな教会であれば、伝道においても、財政的にも、信徒のニーズへの対応においても、自己充足できる状況にあります。しかし規模の小さな教会は、すべての点で不足と限界を抱えています。人口減少が進めば、その影響は直接存続に関わります。そうした状況になった場合、協力し合うことは可能でしょうか。まず難しいのが現状です。教会が閉鎖となった場合、別の教会を探して行く人もいるでしょう。しかし、足の便が無かったり、遠くなる人はどこにも行けなくなります。別の教会になじめなくて、いつの間にか足が遠のく人も出るでしょう。そうしたことが予測できるのに、自己責任にしてよいのでしょうか。オンライン礼拝があるとしても、顔を合わせての礼拝とは違い、味気ないものです。教会がなくなる、兼牧はしてもらえても肝心な時に助けてもらえないといった心細さは、何とも切実なものです。そうした状況がもうすぐやってきます。

　そうなった場合、「キリストにあって」の信仰はどのようにして実現されるのでしょう。キリスト教会は、あまりにも分かれすぎてしまいました。しかも、それを修復する努力は実のある結果を生んでいません。このままでは弱肉強食の原則が教会をのみ込んでいきます。大きい教会はますます大きくなり、小さい教会は消えていきます。地域の中で力のある教会は、小さな教会を説教奉仕、教会奉仕、交わり、祈りにおいて支援することはできないでしょうか。聖書が語るように、強い教会が弱さを持つ教会を支え、キリストの愛に応えることができないでしょうか。キリスト教会であれば、違っている部分よりも共通する部分が多いはずです。今までは互いに自分ごとを優先してきましたが、これからは他人ごとをも大切にする信仰に立てないでしょうか。教会の信仰が試されるときであり、社会の人からすれば、教会の本音が見える機会となります。「地域性を生かす」ということばがありますが、危機的状況の中で教会の地域性がどのように生かされるのか試される時が来ています。それは、神が期待をもって教会を見ておられる時でもあります。

第三に、教団や教派を超えたレベルで「キリストにあって」を実現できるかが、今後の日本の教会を方向づけます。これまでの教団間や教派間の歩みは、違いや独自性を大切にすることで自分たちの存在の意義や特色を主張してきました。宗教改革以後、特にプロテスタント教会は分裂分派を繰り返し、多くの教派・教団を生み出してきました。しかしこれから求められ期待されるのは、互いの違いはあっても協力し合うことではないかと思います。

今後、宗教改革のような出来事が起こるとすれば、それは分裂ではなく、統合・連携であってほしいと願います。互いの違いと歴史を超えて、共通する部分を大切にする運動が起こってほしいと思います。そうでなければ、全体のキリスト者数は一％と少ないのに、教派・教団の数は世界レベルという状況で、見殺しになってしまう教会がどれほど生じるでしょうか。それを考えると不安でしかありません。

一般企業であれば、もっと効率的で機能的な教会配置を行い、人材を生かしながら効果的な運営を行うでしょう。しかし教会にはそういうやり方はなじみませんし、現在の状況では、日本全体を俯瞰するヴィジョンなど望むこともできません。可能だとすれば、まず信仰的にも制度的にも地理的にも近い教会が相互協力の試みを実施する中で、協力・連携を深める実績を積むことです。この場合にも「キリストにあって」という信仰が人と人を結びつけていきます。それが他教会と社会への証しとなります。

助け合わなければ、多くを失う時代が目の前に迫っています。大きな教団・教会は存続が守られ、小さな教団・教会は活動能力が大きく減退し、存続が難しくなります。失われていく教会には、信徒が所属していることを忘れてはいけません。まず、地域の教会から具体的な協力が始まり、やがて教団を動かす働きへと広がってほしいと願います。そうでなければ、一〇年、二〇年後にキリスト者の数は半減していくだろうと、着実な人口減少の進行と重ねながら思います。

3　神とのつながりを確立する

信仰を持ち続けるためには

教会に来ていた人が数年のうちに去っていく、その原因を探っています。その理由として見落とせないのは、キリスト者自身の信仰の曖昧さや不安定さです。

教会に初めて来た人が続けて通い、時間の経過の中で信仰への思いが強くなり、ついにキリスト者になると決心したとします。そうなったときにまず行うことは、洗礼準備会をし、信仰の基礎的なことやキリスト者になることの意味、所属する教会・教団についてなどを学ぶことです。学びの中で心に留めてほしいのは、自分が罪人であり、キリストの十字架によって救いを頂いていることの自覚と感謝です。このことによって、キリストと自分のつながりがしっかりします。

その次のこととして、キリスト者の果たすべき義務や使命などについても学ぶ必要があります。この順番でないと、自分がキリスト者になることの意味や特権がよくわからないまま信仰生活が始まってしまいます。信仰者としての滑り出しはうまくいっても、やがて信仰のマンネリ化や信仰疲れと呼ばれる低迷期がやってきます。また、教会内の人間関係のトラブルや煩わしさが増してくるかもしれません。「信仰につまずく」と呼ぶ危機的な状況に陥ります。「つまずく」こと自体は別に珍しいことではなく、社会生活のいろいろな分野で似たようなことは常に起こります。大切なのは、そうした状況をいかに乗り越えるかということです。新たな段階に歩み出し、信仰の再構築をするためには必要な体験です。

普段の生活の中で

こうした状況で大切になってくるのは、普段の生活の中で、いかに自分の信仰を育てる努力と工夫をしているかということです。聖書のことばを身近に置く、祈りを生活に取り入れる、神の臨在を日々の生活で期待するといったことの必要を覚え、工夫して実行することです。日曜だけは聖書に耳を傾けるが、それ以外の日は聖書に触れる時間がない、祈りも食事の時以外は簡単に済ませる、そういった生活では、異教や無宗教世界の中で信仰を身につけるのはとても難しくなります。もともと聖書を読む習慣も、祈りをささげる習慣も、日曜に教会に行く習慣もないのですから、キリスト者として生活するのには相当の努力と自覚が必要です。

加えて、目に見えるこの世界で、背後で働いてくださる神の助けと導きを実感できるかが信仰者にとって大きな支えです。以前の生活でなじんでいた神社や寺院ではそんなことは求められず、決まった時だけやればよかったのです。日常の生活の中に神道や仏教の儀式や行事が組み込まれていましたので、周りのみんなに歩調を合わせればよく、無意識の行動によって支えられていました。別の言い方をすれば、この日本という国で普通に生活していれば、それは神道や仏教の信仰につながる生き方と見なされるということです。

自覚を持って生きないと

しかし、キリスト者として生きるということは、自覚なしには日々を過ごせません。これこそが大きな課題ですし、多くのキリスト者が途中で信仰から離れていく理由です。キリスト者であり続けることは、その自覚がなければ困難なことで、世の中の流れに巻き込まれ、流されていくのみです。価値観の違いなどの緊張の中で疲れを覚えたり、信仰生活が面倒くさくなったり、楽をしようと考えたり、心が冷めてしまったりして、どうでもよくなって足が遠のき始めます。その時、教会から救援の手が伸びればよいのですが、心配の声もかからなければ、いつの間にか去っていきます。教会に来る以前の状態に戻るのは大して難しいことではなく、気持ちの整理がつけば、明日からでもそうできます。教会に通っていたことを思い出話のように話せるのは、こうした心境によるものです。

日頃の祀りごととして、神道には神棚があり、仏教には仏壇があります。これは結果的に良い点と悪い点があります。まず良い点から述べれば、自分の家に神棚や仏壇があれば、朝ごとにその前で手を合わせ、供物をささげることができます。それによって、神仏や先祖を想いながら願いごとや感謝を唱えることができます。神棚や仏壇のある所は聖なる空間であり、信心を表す場ともなっています。信仰が日ごとに想い起こされ、身近に感じる機会ともなります。つまり、日頃の信仰が生活の中で生かされることになります。神道の決まりごとは知らなくても、お経を唱えることはできなくても、拝むことで十分お勤めを果たすことができます。悪い点としては、神棚や仏壇が家にあることで普段の目的が済んでしまい、わざわざ神社や寺院に出向かなくてもよくなったことです。宮司と顔を合わせる機会が減ることで、神道の教えや儀式を学ぶ機会が少なくなり、また僧侶に会う機会が減ることで、お経を学び仏教の教えに耳を傾ける機会もなくなって、信仰が形式だけに終わってしまう困った事態が生じました。

もともと神棚は、明治期の天皇崇拝思想に合わせて神道が力を増したとき、各家庭に導入されたものです。仏壇も檀家制度が施行された江戸時代初期に、同じように各家庭に安置されました。仏壇はキリシタンではないことの証明にもなり、たいへん重宝されました。それぞれが導入されたときは今日のような事態になるとは予測されず、今になって思うと、時間を取って出かけるのは大変でも、神社や寺院に足を運び、宮司や僧侶との会話を通じて、また境内の清掃や奉仕を通じて信仰の奥深さを学んでいたほうが、内実の伴う信徒になれたのではないかと思います。便利であることは必ずしも信仰において真の益をもたらすとは限りません。

便利さには危険が潜む

このことは、キリスト者にとって大切な教訓を与えてくれます。キリスト教では、礼拝が毎週あります。これほど生真面目な宗教は、この日本では珍しいことです。そしてキリスト教が敬遠される理由もここにあります。現在のコロナ下において、オンライン礼拝が教会で急速に拡大しました。自分の家にいながら礼拝に参加できます。自宅にいれば奉仕をしなくて済みますし、面倒な交わりにも参加しなくて済みます。献金は銀行から振り込めばよくなります。つまり、神棚や仏壇がもたらしたのと同じことが、キリスト教でも起こりうる状況になっています。信仰生活を送るとは、面倒な部分があっても出かけていくこと、一緒に集まること、そこで時間を共有することが大切です。合理的で便利で、面倒くさくない方法に頼ろうとすれば、あとに残るのは形だけの抜け殻の信仰です。どんな宗教でも、共に集まり、共に交わり、共に祈り、共に支え合うことがなければ、宗教のすばらしさは失われていきます。祈りや聖書のことば、日常生活の中での神の導きや臨在を経験することと同時に、同じ信仰の仲間とのつながりを築くことは、信仰を生涯保持するための大切な命綱です。面倒なように見えることが大切な意味を持っています。

人々のニーズに応える面と、どんなに求められても譲ってはいけない面があり、その判断の誤りが宗教の堕落となって、次第にそっぽを向かれる原因ともなります。時代のニーズに応えられる柔軟さと、どんなときにも妥協しない頑固さは見分けられるべきことです。

第5章　日本人はキリスト教と合わないのか

1　日本の伝統宗教とキリスト教の違い

日本の伝統宗教は多神・多仏　キリスト教は唯一神

キリスト教は、日本の伝統である神道や仏教と教義面で相いれない部分が多くあります。その幾つかを挙げてみましょう。

まず第一に、神道や仏教は多神・多仏の立場に立ち、相互にけん制しながらも共存する歩みを続けてきました。仏教が日本に紹介されて以来、神道との間で幾度かの対立や非難の応酬はあったものの、多くの期間は「神と仏は一つである」との考えに立ち、共存と共栄と補完によって、日本の人々の願いに応えてきました。その関係は一三〇〇年たった今も続いています。こうした両者を前にキリスト教は、キリシタンの時代も、また明治以降、今に至るまで、他宗教とは一線を画し、自分たちの信仰のみを堅持する歩みをしてきました。神道や仏教の信徒が「キリスト教を許容することができる」立場であるのに対し、キリスト教の信徒は、「自分たちは神道や仏教の人たちとは違う」ということになります。そのため、日本の宗教観を持つ大多数の人からすれば、キリスト教徒はつき合いづらい人たち、独善的、厄介と見られることになります。キリスト者となった人たちでさえ、心の奥深い部分においてキリスト教の考えに納得できず、不満や苛立ちを感じている人はおられると思います。ですから、キリスト者の中には、昔からの神道的・仏教的な行事を受容しそれらに合わせつつ、キリスト者として生活する二刀流の人がいるのも事実です。そのほうが世の中を生きていくのに都合がよく、波風も立たず、穏やかな生き方ができるからです。

この多神教か唯一神教かという課題は、日本におけるキリスト教受容の最も大きな課題となっています。キリスト教信者が一％という理由の大きな要因となっています。日本人の心の奥底に息づくアニミズム的な考えや価値観は、単にそうしたことを口にするというだけではなく、日常の生活環境の中に雰囲気として残っていることも大きな影響を与えています。外国人が「日本的」と思うものの中には、民俗宗教に影響された神道や仏教によって醸し出されてきた習慣や行事やしきたりなどが含まれています。私たちキリスト者の生活の周辺にも、そのような日本的なものがしっかりと息づいているのではないでしょうか。

神仏が形を持つか　霊的存在か

第二に、目に見える神仏像などを大切に祀る信仰と、聖書で語る神は見えない霊であることとの違いがあります。

伝統宗教の神々は、本来は霊的な存在として信じられてきました。その神々は、時として人間や動物の姿を借りて現れ、祝福や罰やお告げをもたらしました。それとともに八百万《やおよろず》の神々は山川草木の自然に宿り、人間の暮らしに臨在すると信じられてきました。見える現世の生活と見えない霊的世界は、常に隣り合わせに存在すると信じられていたのです。墓参りに出かける人たちは、遺骨の収められている墓地に行くのではなく、亡くなった人の霊が眠る場所に行く心境です。また、仏壇に手を合わせる人たちは、亡くなった人の霊が仏壇に安置されていると信じています。つまり、この世とあの世はつながっていて、気持ちは通い合うと考えられてきました。

神道では神々の臨在を象徴する神座や依り代として、石や鏡や剣、また大木を用いていました。それが神像として現れるようになったのは、仏教の影響によるものでした。今でも神道において、神々は霊的な存在として理解されています。一方の仏教においても、仏像はもともと修行をするうえでの補助的手段でした。仏像は、仏そのものではありません。しかし、一般の仏教信者にとって仏像は特別の存在であり、粗末に扱えるものではありません。いつの間にか仏像には霊が宿っていると考えられるようになり、仏像に向かって祈ればば願いがかなうと信じられるようになりました。こうなると、いくら僧侶が仏像は仏教信仰を助けるための象徴・手助けの存在だと言っても、説得力を持ちません。仏像が生まれてから約二〇〇〇年が経過する中で、特別の存在になったからです。

今の日本の寺院から仏像が消えたとしたら、どんな仏教を想像できるでしょうか。心の中に神仏を想う、日々想い起こすということは難しいでしょう。仏像の存在は、仏教で教える数多くの諸仏や諸天や諸神とともに、信じる人々の心の支えになっています。本来の仏教とはズレてしまう存在であっても、今の仏教には不可欠の存在となっています。

一方のキリスト教（特にプロテスタント）においては、目に見えない存在である神を、見えないままで信仰することに努力を重ねてきました。キリスト者を取り囲む社会においては、形あるものを拝むのが自然であり、わかりやすいことです。目に見えるものを欲しがる人間の欲求は抑えがたいものです。これは「ただの像」だと言っても、心の奥底には、そうした拠りどころを求める人間の願望があります。キリスト者には、目に見えない神を見えないままで心に想う信仰にとどまるという難しいことが求められており、信仰から離れていく要因にもなっているのです。

規律が厳しいか　緩やかか

第三に、神道や仏教では、信徒に守ることを求める規範や道徳的要求は本来あるものの、現実の生活においてあまり厳密に求めることをしません。そこに神道や仏教のおおらかさがあります。教職者である宮司や僧侶に対しては、神道や仏教の立場からそれぞれに厳しい規範が求められます。しかし信徒に対しては別です。念のために言いますが、神道や仏教でも信者として守るべき決まりや規範はあります。ただ、それを厳しく求めることをしていないだけです。生活上の規範を守ろうとする人はそれを大切にしますが、他の人に要求まではしないということです。

一方のキリスト教においては、信徒として守るべき規範があり、それに従うことが求められます。守れないときは注意を受けますし、時には陪餐停止や除名もありえます。こうしたことが、神道や仏教の中で過ごしてきた人にとって厳しすぎるとか、堅苦しいと感じられます。キリスト教に好意的でも、キリスト教の語る生活上の決まりごとに対しては否定的な考えを持っている人もいます。なぜなら、神道や仏教のおおらかさに対して、キリスト教の生真面目さが鼻につくからです。このため、教会には通っても信徒にはならないというスタンスを取ります。こうした姿勢は、信仰を持っている人にもあります。教会での言動と普段の日常生活での言動に違いがあるが、それは仕方がないことだと自分なりに割り切って生活する人が出てきます。こうした面をとらえて、世の中の人から「クリスチャンは偽善者だ」と言われてしまいます。

信仰は心の問題だけではなく、生活・生き方そのものに関わることです。何を信じ、どう生きるかということは別々のことではなく、つながっているのです。ですから、自由に気ままにというわけにはいかない面が出てきます。そうであれば、世の中の人とは考え方も生き方も違ってくるのは当然のことです。みんなに合わせることが無意識に求められる日本という国において、「人と違う」生き方をするのはストレスのかかることですが、どの宗教でもその信仰を持つがゆえに周りの人と考えや生き方が異なるのは自然なことであり、あえてそれを隠そうとすることで、その人自身が壊れていくことになります。信仰者はその信仰にふさわしい生き方や考え方を持つのが当然のことです。

伝統宗教は生活を大きく変えないが

第四に、キリスト教は、信仰生活を送るうえでなすべきことの要求や、慎むべきことの制限が日本の伝統宗教に比べて多いことです。日本の伝統宗教は信徒の生活に関して制限を課したり、義務的なことを要求することをあまりしません。信徒になったからといって、生活が大きく変化することはありません。これに対しキリスト教では、信徒になる前と後で、生活の変化が生じます。たとえば、毎週日曜日を中心に礼拝が行われていますが、それに参加することが求められます。今までは日曜日に自分の好きなことをしていた人が、少なくとも午前中は教会に行くことになれば、生活スタイルの変更が必要となります。教会では午後の時間も何らかの計画が立てられていますので、それに参加することが必要な場合もあります。また、神様への献金も行いますので、これまでのお金の使い方にも影響が生じます。献金によって、自分の人生は神様からの賜物であり、お金も新たな視点で価値のあることに用いることを学びますので、自然に生活スタイルが変化します。自分の人生をもう一度見直して、キリスト者にふさわしい生き方とは何かを考えるようになります。

こうした変化は時として苦痛に感じることもあります。なぜなら、伝統宗教の中で暮らしていたときには感じなかった「窮屈さ」を味わうことになるからです。やがて喜びよりも苦痛が増せば、その人は教会から離れていきます。元に戻るほうが伸び伸びできるからです。

本来宗教は、何を信じるかということとともに、どう生活するかということを語ります。神道では人生儀礼や年中行事によってそれが表現されますが、それは生まれ育った文化として何となく慣れています。仏教では、出家者に比べて在家の信者にはあまり細かいことまで求めません。日本仏教は戒律の少ない宗教です。ですからおおらかさが目立ちます。

これらに対してキリスト教は、生活規範とも言うべきことが語られ、キリスト者になることには自覚が必要です。この自覚が薄れていくと、やがて苦痛や堅苦しさを感じ始めます。このため、教会から足が遠のいていきます。どうも日本人は、宗教のために何か犠牲を払う・生活を変えることに対して、拒否反応を示すようです。失うことを避け、得ることだけを求めて、宗教を都合よく利用しようとする傾向があるようです。

キリスト教は伝統宗教に無知だった

第五に、キリスト教は唯一神教であるため、日本のような多宗教・アニミズム的な信仰と文化に対して否定的態度や警戒心を持ち、その結果として日本の文化や伝統に対する敬意が薄いということがあります。このことが日本に誇りを持つ人たちから拒否反応を持たれてしまう要因になっていると思います。

今でこそ宣教師たちは日本での宣教に際し、前もって日本の文化や宗教について学んで来日します。しかし、キリシタンの時代や江戸末期からの宣教師たちは、宣教の熱意はあっても、日本の宗教に対しての知識や配慮に欠けたところがありました。欧米のキリスト教を上から目線で「教えてあげます」式で語ったため、多くの日本人は反発心を持ってキリスト教と距離をとってしまいました。日本が誇る文化は神道や仏教の影響を強く受けています。茶道、華道、能、短歌、俳句、水墨画、日本建築などは、仏教や神道とのつながりの中で成熟してきました。キリスト教は神道や仏教を否定しようとしましたが、日本文化はそれらの影響を受けているため、容易にキリスト教にはなじめません。キリスト教徒になることは、普通の日本人から特殊な日本人になるようなものだからです。仲間意識を大事にする周囲の人たちと疎遠になり、生きづらさを感じるキリスト者が増える結果を生みました。

明治以降から今日まで、キリスト教徒は、その自覚を持ち続ける緊張の中に置かれています。地方においてその緊張は大きく、都会に暮らすならば幾分か和らぎます。キリスト者が都会に多いことは、キリスト者になりやすい環境とともに、キリスト者として生きやすい状況があることも理由の一つです。都会においては、個人のことに深くかかわらず、関心も持たれず、自由度が高いのです。しかしそれは良いことばかりではありません。都会では教会の人間関係も希薄になりやすく、教会から去っても気に留めてくれる人は少ないということが言えます。気がついたらいつの間にか、教会に来なくなっていたということがあるのです。

2　宗教本来の役割とは何か

ここで視点を変えて、宗教本来の役割について考えましょう。私たち人間の側から考える宗教の役割（宗教への期待）と、宗教の主体者である神仏の側からの宗教の役割（使命）は異なります。日本という宗教環境から考えると、「神々・諸仏の側」からの宗教の役割ということになります。

人間の側から考える宗教の役割

まず言えるのは、神道や仏教やキリスト教を問わず、人間である私たちが宗教に期待することは共通しているということです。それは、自分や家族など大切な人たちの幸せです。

人生にはいろいろな困難や不幸が起こります。中には自分の力で乗り越えるのが難しい問題が起こります。そんな時に助けを求めるのが神仏です。普段の暮らしでは神仏をさほど意識していなくても、困難がやってくると心に宗教心が沸き起こってきます。「苦しい時の神頼み」とは、いい意味で使われることはありませんが、何とか助けてほしいと願う私たちの心境を言い得ています。ですから私たちが宗教に期待することは、良くも悪くもまずご利益・助けです。そこから損得を超えた宗教に近づくきっかけが生まれることで、求道が始まる人が出てきます。

神仏の側からの宗教の役割

・神道

神道は、自分自身の役割を何と語るでしょう。まず神道では、神々と人間を上下の関係として捉えるよりも、つながりの関係として捉えることが多いと言えます。人間と隔絶した神々（超越神や自然神）もいますが、人間とつながりの深い神々や祖先神が多く登場します。それらの神々は、人間世界に関与し、穏やかな日々を与え、時に困難をもたらします。これに対し人間は、感謝や謝罪や願いをささげ、神々との良好な関係の維持を願います。つまり神道において、人間の暮らしは神々の活動と直結し、神々の意思と行動が人間世界の幸不幸を左右すると捉えられてきました。人間界に生じるさまざまな出来事の背後に、神々の関わりを意識し、見える世界と見えない世界のつながりを意識して暮らしました。

ところが近代の合理主義や科学的な考えが人々の心に広がるにつれて、見えない世界はかすんでいくことになります。日本の八百万の神々は昔話の世界に閉じ込められ、これと連動して祖先神も影が薄くなっていきました。神道において宗教の役割は、人間と自然と神々の融和・協調を示すものでした。人間は自然や神々の助けなくしては生きていけず、自然や神々もまた人間の働きかけを喜ぶ関係にありました。神道は「森の宗教」と呼ばれます。豊かな自然が日本の各地に残っている功労者として神道の存在があります。都会ではその自然が減少し、神道の説得力は力を失いつつあります。自然が豊かであること、森や林が豊かであることは、それ自体がことばによらない感化力を持っていました。神道は、人間を特別な存在として扱わず、自然や多くの霊的存在とともに、共生する存在として見なしています。つまり人間は偉くないということです。

・仏教

仏教は人間主体の教えです。「山の宗教」と呼ばれています。山に在るということは、世間、つまりこの世の中とは一線を画しているということです。街の中にある寺院というのは、出先機関であり、布教活動の場であり、在家の信徒のためにあるということです。

仏教は世の中を否定的・消極的に捉えます。世の中や自分に固執するので苦しみや悩みが生じるのであり、基本的に世の中と距離を取ります。しかし実際、私たち人間は世の中にどっぷりとつかっていますし、世の中に強いこだわりを持っています。あまりにこだわるため、失うことや死を恐れます。我欲の塊である私たちは、健康、家族、富、長寿、名誉、物にこだわります。仏教は、それらがすべて幻想、一時的にすぎないことを知っており、執着を捨てることを語りますが、私たちの耳には入りません。ただ、その教えがわかるときがあります。それは、支えとしている物や人を失ったときや、他人や自分、世の中に失望したときです。初めてしみじみと世の中のはかなさを知ります。それが仏教の教えに謙虚に耳と心を傾ける機会となります。元気なときや自信を持っているとき、この世の中に未練がある場合は、その機会が訪れるのはまだまだ先の話です。

・キリスト教

最後にキリスト教について述べます。キリスト教は神が中心の宗教です。人間は神によって造られた存在であり、神の愛の対象の被造物です。その人間が自己中心の思いを抱き罪を犯したことで、死と苦しみを経験するようになりました。それ以来、神のもとを離れて我欲の中で生きていくようになりました。人間世界は混乱し、罪は増大し、人と人が傷つけ合い、憎み合い、殺し合うようにまでなって今に至っています。

キリスト教という宗教は（信仰と言い換えてもよいのですが）、身勝手な罪を悔い改めて、神に謝罪し、神からの赦しを頂くための方法です。自分の努力では神の赦しを得る善には遠く及ばず、自力の道は途絶えています。残された道は、キリストによって与えられる神の赦しを信じる信仰です。私たちは普段の生活を自分の努力・頑張りによって生きていますが、罪の赦しにはこの方法は役に立ちません。謙虚に悔い改めることによって赦しと新しい生き方が与えられます。そのきっかけとなるのは、自分や他人に失望したとき、大切な人を失ったとき、自分の夢が破れたときなど、絶望を経験するときです。仏教同様に、自分が謙虚になったときに神の前に進み出ることができます。私たちにとって、悲しみや苦しみや失望やむなしさは、いずれもつらい経験ですが、それらが自分を新しくしてくれるきっかけとなり、信仰の教えに耳と心を傾ける機会となります。信仰の扉は、自分への執着から離れたときに開きます。

宗教の役割と社会

宗教は本来、社会よりも人間に関心を持っています。人間を変えること、あるべき状態にすることにより、結果として社会がよりよくなると考えています。宗教の役割は、社会の変革や制度の改革ではなく、人間そのものを救済し、変えることです。ところが人間は、自分たちに都合のよい社会とするために、人間を支配する道具として宗教を利用します。このために宗教自体が堕落し、戦争の道具、人々を苦しめる道具となってしまい、その結果、人々から警戒されたり、失望されたりするという報いを受けることになりました。宗教に関わる者にとって反省すべき汚点です。

3　宗教が今やるべき働きは何か

各宗教は何を語るべきか

日本の宗教は今、過渡期にあります。これまでの宗教活動・布教の在り方では、世の中の人は魅力を感じず、宗教は骨董品・不用品扱いになります。日本という国や社会にいろいろな課題があっても、一方で豊かにモノがあふれ、楽しみも多い世の中では、自分を楽しませてくれるものに事欠きません。そうした世の中で、宗教はどんなメッセージを人々に語りかけ、警告を発すればよいのでしょう。

・神道

神道は救済を説く宗教ではありません。人間のこの地上での幸せを語る宗教です。自然と調和し、自然を敬い、神々や先祖を尊崇することによって人間同士が和合・協力することを教えるのが神道です。これまで日本が自然環境（山・森林）を何とか保持できた背後に、神道の力が働いていたのだと思います。神道は人間と自然を別々の存在として捉えず、互いに助け合う存在として理解します。

ですから、今日のような個人主義や競争主義、物質主義や自然破壊などは神道の教えに背くことです。神道は、人間の思い上がり、大量消費社会、見えない世界への軽視などに対して強い警告を発し、謙虚に生きるよう諭すことが求められています。神道はそれができる実績を持っています。自然破壊や地域共同体の過疎化は、神道にとって決定的で根源的な課題です。このままでは、自然環境も守れず、地域の里山も守れず、人間が自然の中で生かされてきたことも過去の話となっていきます。それをとどめるために、神道の自然観や人間の共同体意識の大切さを説く必要があります。神社が目先のお参りや願掛けなどに終始するなら、人間にいいように利用されるだけです。

•仏教

続いて仏教ですが、日本仏教は民俗宗教や神道に影響されて、大陸の仏教とは多少異なる「神仏習合」や「山川草木悉有仏性《さんせんそうもくしつうぶっしょう》」などの様相を色濃く呈しています。仏教は、釈尊が説いた諸行無常、色即是空《しきそくぜくう》、涅槃寂静《ねはんじゃくじょう》の教えに基づき、人間の住むこの世界は移り変わり変化する世界であり、実体がなく人間そのものもそのただ中にいると語っています。つまり私たちが自分のことに執着し、富や成功を追い求めるのはむなしいことだと警告します。しかし今の時代、この仏教のことばは多くの人に届いていません。むしろ仏教の力を利用して、自分の目標や願いを達成できるように祈願します。

仏教の基本的な教えは、この世での喜怒哀楽の生活から離脱し、執着を離れた悟りの生活を目指すことです。しかし私たちが暮らす今の時代は、執着から離れるにはあまりに多くの物質と便利さとおもしろいことに満ちています。その魅力を前にして欲望をかき立てられる人々に、仏教の教えは届きにくくなっています。しかしそれでも、こうした状況に失望している人、限界を感じている人、むなしさを覚えている人などは少なからずおられます。

そうした人たちに、二五〇〇年の知恵と教えを持つ仏教は、人間論に卓越した教えを持つお経を用いて、目に見える現象に惑わされない諸仏の教えを語ることができます。今こそその方向へと原点回帰すべき時です。仏教の優れた特色は、人間論にあります。仏陀や如来と呼ばれる覚者（悟った人）は、もともと人間であり、仏教に超越した神は存在しません。仏教は徹底的に人間を研究し、その善と悪を見極めようとした宗教です。「人間とは何か」ということを、多くの優れた仏教者がインドをはじめアジア諸国の知恵と洞察を用いて追究してきました。ですから現在に生きる人々に、世の中と自分の関わりや、自分自身の存在意義や、生きる意味・目的を示すことができます。たとえば人生講座やお経を学ぶ講座、悩み相談室などを開いて、ご利益を願う人とは別の門を開かなければ、真実の仏教の信徒は生まれないし、育たないでしょう。ご利益祈願は求道のきっかけにすぎず、その先に真の幸いがあることを仏教の指導者自身が自覚する必要があります。葬儀や法事などに明け暮れていては、仏教もまた世の中の流れの中でしぼんでいくだけです。

・キリスト教

最後にキリスト教ですが、キリスト教信仰が日本の宗教土壌の中で、また日本人の宗教に対する欲求の中で、期待に沿えない・ニーズが違うことはこれまで説明してきました。キリスト教と日本の宗教は相いれない部分を多く持っています。だからといって安易に信仰内容を変更したり付け足したりしては、もはやキリスト教とは呼べなくなります。その点で妥協しなかった結果としてキリスト者が少ないことは理解できます。しかし、あまりにも少ないと思います。せっかく教会に長く来ていた人が、または信仰を一度は持った人が離れていくことの理由をもっと議論すべきであり、協議される必要があります。

さらに、キリスト教会と世の中との関わり・つながりの問題もあります。多くの教会は内向きであり、社会に対して消極的です。このため、キリスト教に関心を持つ人や好意的である人（つまりキリスト教への潜在的理解者）とさえも十分に接点を持つことができません。そうした人たちは五〇歳代以降になると、自分の両親が亡くなるなどの機会に、葬儀や供養の関係で仏教に近づくことになります。こうしてキリスト教に好意的な人と関係を築く機会も失ってしまうのです。

教会は地域に目を向ける

教会は「街の宗教」と呼ばれるものの、街中で身近な存在にはなっていません。地域の人から見れば、何をしているかよくわかりません。「関係者以外立ち入り禁止」状態なのです。それは教会の本意ではありませんが、教会の意識が内向きになりすぎているため、地域の人には敷居が高いのです。教会の年間計画や予算を見てみれば、このことがわかります。一年間のうち、どれくらいの計画が、そして予算が、外部の人を迎えるために組まれているでしょうか。普段から外部の人にアピールするメッセージが語られているでしょうか。

教会は、たとえて言えば、不特定多数の人向けに宣伝をしないで商売をしているお店のようなものです。たまたま通りかかった人や、知っている人から誘われた人だけが出入りするお店のようなものです。九九％の人を意識して、教会を知らしめる方法や手段をもって講じることが必要です。

不思議なのは、教会に通う人たちの多くは普段、世の中で暮らしており、世の中の知恵やニーズを知っているのに、教会に来ると思考停止状態に陥ってしまうことです。一般企業の人たちは、自分たちの会社やお店の繁栄のために知恵を絞り切磋琢磨して、人々のニーズに応えようとします。教会もこの世の中にあって、一人でも多くの人に福音を伝え、救いの恵みにあずかるように導く使命を与えられています。自覚もしています。

私は、日本というのはキリスト教が根づきにくい国だと思いますが、それでもまだ可能性は多くあると考えています。もっと人々のニーズに頭と心を悩ませる必要があります。教会内の人々の社会的な強み・人脈を生かしたり、社会にある資源（行政、社会福祉協議会、社会福祉法人、ＮＰＯなど）を活用して、地域の人たちの課題やニーズに取り組む活動はいつでも可能です。

一教会では実行が難しければ、地域の教会と協力する道もあります。同じような悩みを他の教会も抱えているからです。分かれすぎた諸教会が同じ目的のために協力することは、教会の新たな歩みのきっかけとなります。一教会に一牧師の時代、諸教派の教会が近くにあっても知らぬ顔をする時代に終わりを告げ、キリストにあって協力することを始める機会ともなります。

教会は信徒の生活をフォローアップする

教会が今なすべきことについて、もう一つ提案します。第４章でも触れましたが、教会に集っている人たちの人生そのものへのフォローアップが必要です。信徒たちは、教会での礼拝や交わりでのつながり以外に、個人的な生活のことを互いによく知りません。プライベートな事柄に干渉するようなことは、互いに避けたいとの思いが働きます。教会での交わりが当たり障りのない会話になりがちです。機会を設けて悩みを打ち明けてもらわない限り、何年も状況を知らないことがあります。その悩みごと・困りごとが高じると教会にも来られなくなります。その時になってどういう事情があったかを知っても間に合いません。教会にはいろいろな状況や環境に置かれている人がおられます。その中には、経済的な困難、家庭の悩み、健康上の悩み、仕事の悩みなどを抱えている人もいます。そういう人には信仰上の支援だけでなく、日常生活上の支援が必要です。

こうしたことに対して、教会はこれまであまり関わってきませんでした。それは行政の問題・福祉の問題だと考えたからです。このことが教会から離れていく人が多い理由になっていることに気づかないか、避けてきたように思います。大きい教会なら、信徒のために住まいを用意したり、福祉施設を準備することもできるでしょう。しかし中小の教会では、経済的にも人材面でも難しいと考えるでしょう。でも、そうでしょうか。教会の周辺には、行政機関だけでなく、公的・私的な福祉施設や法人が存在します。高齢者のためには高齢者施設があり、障害者のためには障害者福祉サービスがあり、経済的な課題を抱える人のためには、生活困窮者の相談窓口があります。一人暮らしの困窮者を支援する窓口があります。教会自らが教会に集う人の生活のニーズに対して、一緒に悩み、一緒に解決を探ることは、安心して信仰生活を続ける環境を整えることになります。

信仰の課題には積極的に取り組んでも、生活の課題に関わらなければ、求道も信仰の継続も途中で切れてしまいます。信仰が経済問題や障害や病気をたちどころに解決できるわけではなく、信仰と生活の課題を同時進行で進めていくことになります。大変なことであっても、それをもっと大事にしないと、やがて課題を抱えた人が誰も教会に来られなくなります。高齢者の多い教会、一人暮らしの困窮者の多い教会、経済的な困難を抱える人が多い教会、障害者が多い教会、経済的に不安定な教会、牧師・伝道師が高齢の教会、人口が減少している地域の教会、現在すでに無牧・兼牧の教会などは、どのような対策・対応をとればよいのでしょうか。それは今日明日の課題です。その時、同じ教団やグループの教会は助けてくれるでしょうか。それよりも、地域の教会で助け合うのが現実的で実効性があります。「遠くの親戚より、近くの知り合い」のほうが頼りにならないでしょうか。

これから一〇年、二〇年後はもっと厳しい状況になります。二〇年後、日本の人口は今の予測では一億一〇〇〇万人程度になります。一七二〇ほどの自治体のうち、九〇〇ほどは財政赤字の状態に陥るとのことです。世の中がそうなのですから、教会が今よりもっと深刻になることは自明の理です。今のうちに対策を講じないと、中小の教会は運営が困難となり、集っている信徒も路頭に迷うことになります。何もせずに「神様が守ってくださる」と期待するのは虫がよすぎることであり、自分たちの意思と行動で打開策を見つけ出すことが必要です。

日本の文化や宗教にも目を向ける

私たちは日本の国に暮らしています。しかし、この国の長い歴史の中で培われた文化や宗教のことを、あまり知りません。学校で習ったことはわずかで、家庭での教育もほとんどなく、結果として他人に説明できるほどの知識はありません。キリスト者も同様で、信仰生活が長くなると、日本のことよりもイスラエルや聖書の時代のことのほうが詳しくなるほどです。

そうした状態にある人が、日本の文化や宗教に囲まれて、どのように世の中の人と向き合っていけばよいのでしょう。日本の文化や宗教とキリスト教を対峙させたときに、「あなたはなぜキリスト教なのか」と問われて、何と説明すればよいのでしょう。なぜキリスト者になったのかということと同時に、なぜキリスト者であり続けるのかということは大切な問いです。それに答えるためには、日本の文化や宗教についてある程度学んでおく必要があります。

また、日本では年中行事や人生儀礼の中に神道や仏教の考えが入り込んでいますので、「何が良くて、何が良くないのか」を自分なりに理解し、周囲の人に説明できる知識が必要です。そうでないと独りよがりの信仰になってしまいますし、他の人からの理解や共感も得られません。「日本的」なことを否定すれば、この国でキリスト者として生きていくことは、まるで外国に暮らしているような状況になり、浮いてしまいます。ですから、聖書の学びと同様に、日本の文化や宗教についてもある程度知っておく必要があります。それでこそ、この国でキリスト者として生きることになります。

教会では、イスラエルの学びや聖書の学びは時間を取りますが、日本についての学び、特に文化や宗教の学びはほとんどしません。このため、日本の中で浮いたキリスト者になってしまいます。「キリストを愛することと、日本を愛すること」をつなげる努力は昔から行われていますが、まだ十分とは言えません。日本の国をよく知らず、一方的にキリスト教を勧められても、到底、素直に話を聞こうとは思わないでしょう。

自分たちが暮らすこの日本という国の文化や宗教にも関心を持ち、その中でキリスト者として暮らしていく知恵と経験を誰もが必要としています。そうでないと信仰は持続できず、もとの状態、つまり多宗教で曖昧で無自覚な信仰の状態に落ち着いてしまう可能性が高くなります。多くのキリスト者は時間の経過の中で、もとの古巣に戻って、そこで落ち着いてしまう状態になります。キリスト者になっても、以前の考えや宗教観が消えてしまうわけではなく、休眠状態にあると言えるでしょう。条件がそろえば再びその種は成長し、あっという間にキリスト者としての若木を覆ってしまいます。こうしてキリスト者は以前の状態に戻されます。日本の宗教基盤はこの特質、根強さを持っているのです。

おわりに・感謝のことば

教会の教職者の働きを退いて三年、今は一般信徒として教会に通い、できる奉仕をしながらこの原稿を書きました。現役の教職者の時から、「人はなぜ教会を去るのか」ということは私にとって大きな課題でしたが、教職の立場から離れてみて、やっとその思いとの間に少しの距離を取りながら考えたことを文字にすることができました。本書は教会批判でも教会擁護でもありません。現実に起こってきたことを「なぜなのだろう」と思いながら見える形にしたものです。執筆しながら心に浮かんだことは、教会を去っていく人たちを見ながら自分がなすべきだったことや、配慮に欠けていたと思う事柄でした。

これは教職者だけでなく、信徒の方たちも疑問に思ってこられた共通性の高いテーマです。しかし、複雑で答えを見いだすのが難しく、漠然としたテーマでもあります。私は比較宗教学に長く取り組んできましたので、日本の諸宗教が日本人に与えた影響を切り口に、このテーマを考察したつもりです。日本は、表面上は神道や仏教、それらに影響された新宗教が満ち満ちていながら、一方では「自分は特定の宗教を持っていない」と答えることに迷いのない人々の多い国です。見方によっては宗教熱心、別の見方によっては無宗教、しかし実際の生活では宗教心に富んでいる、実に不思議な人たちの国、それがこの国ニッポンの姿です。

この複雑な宗教基盤を持つ国で、一七〇余年という宣教の時間をかけても、キリスト者は人口のわずか一％です。なぜこれほど信者が増えないのか、何とも不可解で、その理由は説明が困難ですが、一つの象徴的な出来事があるように思われます。それは、教会に来て数年のうちに教会を去っていく人が多いということ、それも決してトラブルを起こしたとかいうことではなく（そういう人が幾分かはいるにしても）、何となく来なくなり、信仰を持っていなかったときの生活に戻っていってしまうことでした。その理由を探ってみたいとの思いが強く働きました。

どの宗教でも、一般企業でも、何らかのサークルや団体でも、そして夫婦や家族であっても、「去っていく」人はいます。しかし教会の場合、キリスト教会という特殊な場所へ、熟慮の末に入会したはずなのに、数年あるいは一〇年以内に去っていくのは、何らかの力や作用が働いているように思います。それは日本的な宗教環境であり、また教会の対応不足・配慮不足なのではないかと考えています。

日本の人口が確実に減少する、しかも加速度的に減少する中で、あと二〇年もすれば人口は一億一〇〇〇万人程度となり、神道、仏教、新宗教の宗教施設が四〇％程度は機能不全になると推測される中、教会はどうなるのでしょうか。小規模の教会が過半数を占める状況で、いつの間にか去っていく人をとどめる工夫・方策を講じる必要を、本書を通して問いかけた次第です。

コロナ下の今、ますます教会に行きづらくなっています。コロナが収まったとき、みなが戻ってくるでしょうか。教会の危機意識による奮起と取り組みに期待します。教会は、こうした通常とは異なる状況の中で、新たな試みを始めることが求められています。

本書を読んでくださった方たちが、ご自分の教会に当てはめて、一人で考えるのではなく、話し合っていただけると感謝です。キリスト教だけの問題ではなく諸宗教全体が地盤沈下し、活力を失っていく時代にあって、それぞれの宗教が本来の役割・使命を自覚して、真の求道者を見いだし育てていくことに、原点回帰する状況にあると思います。人の欲望や願いに応えることを優先し、追い求めることに腐心すると、宗教自体の堕落と消滅が必然となり、自業自得の結果を迎えることになりかねません。神道にしても仏教にしても、そしてキリスト教にしても、長い歴史の歩みの中で、人々のニーズや欲求に媚びるのではなく、それぞれの宗教が持つメッセージと信仰に沿いながら、人々を誘導し、教化して、信仰者として育て上げてきたからこそ、今日まで価値を保持してきたのだと思います。

キリスト教は、今の日本人にどんなメッセージを語りかけ、導いていくのかが問われています。あなたは、人々が教会からいつの間にか去っていく理由をどう考え、それを防ぐにはどうすればよいと思いますか。あなたの意見とそれに伴う行動に期待します。

二〇二三年　五月

勝本　正實

＊聖書 新改訳 2017©2017 新日本聖書刊行会

人はなぜ教会を去るのか

2023年6月20日発行
2024年7月 1日3刷

著　者　勝本正實

印刷製本　日本ハイコム株式会社

発　売　いのちのことば社

〒164-0001 東京都中野区中野2-1-5
電話 03-5341-6923（編集）
03-5341-6920（営業）
FAX03-5341-6921
e-mail:support@wlpm.or.jp
https://www.wlpm.or.jp/

ISBN 978-4-264-04434-5